믿음의 조상으로 이끈

아브라함의 시험들

The Tests of Abraham
leading up to the ancestor of faith

진 홍 석

그리심

아브라함의 시험들

2010년 12월 22일 초판 1쇄 인쇄
2010년 12월 31일 초판 1쇄 발행

저 자 • 진 홍 석
발행인 • 조 경 혜
발행처 • 도서출판 그리심
156-763 서울시 동작구 사당5동 196인정 B동(B01)

등록번호 • 제 7-258호(1998. 4. 23)
출 판 사 • 전화 523-7589 팩스 523-7590
홈페이지 • http://grisim.biz
전자우편 • grisimcho@hanmail.net

값: 표지 뒷면에

ISBN 978-89-5799-272-2

아브라함의 시험들

저자 : 철학박사(Ph. D.) 진 홍 석

1. 학력 및 경력

• 한양대학교 요업(무기재료)공학과 졸업
• 순복음신학원 졸업
• 국제신학대학원대학교(M. Div.) 4학기 수학
• 한영신학대학교 특수대학원(M. Div.) 졸업
• 한영신학대학교 일반대학원 박사과정 졸업
• 한영신학대학교 신학과(구약) 강사 역임
• (현) 국제신학대학원대학교 사회교육원 구약신학교수
행복한 교회 담임목사

2. 논문

• 말라기서에 대한 공시적이고 통시적인 연구
(A Synchronic and Diachronic Study on The Book of Malachi)
• 십계명(The Decalogue) 연구

3. 저서

• 말라기서의 중심의도
(The Center Intention of The Book of Malachi)

서 언(Prologue)

기독교인들의 가장 큰 오해 중의 하나가 하나님의 은혜로 주님을 영접하고 성령 충만하게 되면, 슈퍼맨이 되어 믿음은 저절로 성장하고, 마귀의 유혹도 능히 물리치고, 만사형통하게 된다고 생각하는 것이다.

성경은 주님을 구주로 영접한 후 많은 세월이 지났음에도 여전히 젖을 먹는 유아 상태에 머물고 있는 어떤 신자들의 믿음을 히 5:12 "때가 오래되었으므로 너희가 마땅히 선생이 되었을 터인데 너희가 다시 하나님 말씀의 초보에 대하여 누구에게서 가르침을 받아야 할 처지이니 단단한 식물을 못 먹고 젖이나 먹어야 할 자가 되었도다."라고 한탄한다.

성경은 그들에게 두 가지, 즉 신앙의 초보 상태에서 벗어날 것(히 6:1)과 하나님의 아들을 믿는 것과 아는 일에 그리스도의 장성한 분량까지 성장할 것(엡 4:13)을 강하게 명령한다.

성경은 그들이 그리스도의 장성한 분량까지 성장하는데 절대적으로 필요한 두 가지 실천 방안을 제시한다. 첫째, 하나님의 말씀과 기도로 무장하라(딤전 4:5). 둘째, 끊임없는 훈련과 연습을 통하여 몸과 마음을 연마하라(딤전 4:7).

하나님께서는 두 가지 실천 방안 외에 신자들의 믿음을 성장시키시려고 시험이라는 도구를 사용하신다. 그러므로 성경은 약 1:2 "너희가 여러 가지 시험을 만나거든 온전히 기쁘게 여기라."라고 권면한다.

하나님께서는 신자들에게 감당할 수 있는 시험만 허락하시고, 심지어 시험당할 즈음에 피할 길도 주신다. 이것은 고전 10:13 "사람이 감당할 시험 밖에는 너희에게 당한 것이 없나니 오직 하나님은 미쁘사 너희가 감당치 못할 시험 당함을 허락지 아니하시고 시험당할 즈음에 또한, 피할 길을 내사 너희로 능히 감당하게 하시니라."라는 말씀에서 분명하게 볼 수 있다.

아브라함은 수많은 세월 동안 계속되는 시험을 통하여 하나님께 인정받아 믿음의 조상이 되었다. 신자들도 시험을 통하여 아브라함과 욥처럼 하나님의 인정을 받고, 믿음의 용사로 성장한다.

저자는 성경에 근거하여 아브라함이 만난 시험을 크게 10가지로 분류하고, 각각의 시험이 현대 신자에게 어떤 얼굴을 가지고 다가오며, 각각의 시험에 대한 적절한 방안을 제시해 볼 것이다.

이 책을 읽는 동안 독자는 아브라함의 시험들 속에 숨어 있는 영적 보화를 발견하고 시험을 오히려 기뻐하는 신자로 거듭나기를 소망해 본다.

끝으로 하나님께 영광을 돌리며, 현재에 저자가 있도록 기도해주신 소천하신 어머니 김삼순 권사와 아내 정영자 사모와 두 딸 혜원과 혜진, 그리고 책 출판에 적극적으로 기도와 지원을 해주신 행복한 교회 권사님들과 안수집사님들과 집사님들에게 감사를 드린다.

2010. 12. 10.

안양시 호계동 행복한 교회에서

목 차(Contents)

서언 · 4

Ⅰ. 시험(Test or Temptation) · 9

1. 시험의 종류(Kind) · 10
2. 시험의 목적(Purpose) · 15

Ⅱ. 아브라함의 시험들(The Tests of Abraham) · 23

1. 레폰(S. Lepon)이 기술한 10가지 시험 · 24
2. 성경에 근거한 10가지 시험 · 27

A. 제 1시험: 부르심의 시험(창 11:27-12:5) · 28
B. 제 2시험: 기근의 시험(창 12:6-20) · 48
C. 제 3시험: 갈등의 시험(창 13:1-18) · 63
D. 제 4시험: 용서와 희생의 시험(창 14:1-16) · 79
E. 제 5시험: 인간적 방법의 시험(창 15:1-16:16) · 93
F. 제 6시험: 계속적인 성화의 시험(창 17:1-27) · 113
G. 제 7시험: 중보기도의 시험(창 18:1-19:29) · 130
H. 제 8시험: 축복받기 전의 시험(창 20:1-18) · 144
I. 제 9시험: 산(山) 추방의 시험(창 21:1-21) · 155
J. 제 10시험: 가장 귀한 것을 바침의 시험(창 22:1-19) · 177

Ⅲ. 결론(Conclusion) · 192

참고문헌 · 195

I

시험(Test or Temptation)

I

시 험(Test or Temptation)

1. 시험의 종류(kind)

신앙의 시험은 크게 하나님의 시험(The Test of God)과 마귀의 시험(The Temptation of Devil)으로 분류할 수 있다.

A. 하나님의 시험(The Test of God)

하나님의 시험은 구약성경과 신약성경 모두에서 볼 수 있다. 구약성경에서 '시험' 에 해당하는 단어로 בָּחַן(*바한*; 렘 17:10, 욥 34:16)와 נָסָה(*나사*)의 피엘형(Piel)이 쓰이고 있다. BDB 사전은 전자를 '검사하다(examine) 시도하다(try), 시험하다(test), 입증하다(prove)' 로, 후자는 시험하다(test), 시도하다(try), 입증하다(prove)로 번역하고 있다.[1)]

출 15:25 '시험하실새' 에 쓰인 히브리어 단어는 נָסָה(*나사*)의 피엘형이다. 하나님께서 이스라엘 백성에게 선민으로 살아가는데 삶의 원리가 되는

---

1) Francis Brown, S. R. Driver, and C. A. Briggs, *A Hebrew and English Lexicon of the Old Testament* (New york: Oxford University: n.d.), 103, 650.

십계명과 규례를 주시고, 이스라엘 백성의 순종 여부를 보시기 위해 시험(test)하신 것이라고 볼 수 있다.

신약성경에서 하나님의 시험을 기록하는 대표적인 본문으로 약 1:2 "내 형제들아 너희가 여러 가지 시험을 당하거든 온전히 기쁘게 여기라."를 들 수 있다. 이때 쓰인 헬라어 단어는 πειρασμός(*페이라스모스*)이고, 바우어(W. Bauer) 사전은 '시험(test), 시련(trial)' 이라고 번역하고 있다.[2] 이것은 하나님께서 당신의 자녀에게 시험을 주거나 시련을 주신 것을 의미한다.

하나님의 시험은 외부로부터 오는 시련을 지칭하는 것이 분명하다. 이것의 대표적인 예로 창 22장에 기록되어 있는 기사, 즉 하나님께서 아브라함에게 독자 이삭을 번제로 드리라고 명령하신 것을 들 수 있다. 왜냐하면, 창 22:1 "시험하려고."에 쓰인 히브리어 단어는 출 15:25와 동일하게 נָסָה(*나사*)의 피엘형(Piel)을 쓰고 있기 때문이다.

하나님의 시험은 외부로부터 오는 시련으로 구약성경의 욥기에 기록되어 있는 것처럼 다양한 얼굴을 가지고 다가온다.

B. 마귀의 시험((The Temptation of Devil)

마귀의 시험은 하나님의 시험과 동일하게 구약성경과 신약성경 모두에서 볼 수 있다. 마귀의 시험을 의미하는 단어로 출 17:7과 사 7:12의 'נָסָה(*나사*)', 약 1:13에서 두 번("…시험을 받을 때, …시험을 받는다.") 사용되고 있는 πειραζω(*페이라조*) 등을 들 수 있다. 영어성경은 출 17:7과 사 7:12의 나사를 '유혹하다(tempt), 시험하다(test)' 로 다르게 번역하고 있지만, 약 1:13의 페이라조를 '유혹하다(tempt)' 로 동일하게 번역하고 있다.

---

2) Walter Bauer, *A Greek-English Lexicon of The New Testament and Other Early Christian Literature* (Chicago: The University of Chicago, 1979), 640.

이 단어들은 인간의 마음에 일어나는 유혹 혹은 죄에 대한 충동을 언급할 때 사용됨으로 마귀의 시험은 인간의 마음에 침투하여 그것을 행동으로 옮기도록 유혹하는 것을 말한다.

마귀가 주는 시험은 요일 2:16 "이는 세상에 있는 모든 것이 육신의 정욕과 안목의 정욕과 이생의 자랑이니 다 아버지께로 온 것이 아니요 세상으로부터 온 것이라." 라는 말씀에 기록되어 있는 것처럼 육신의 정욕과 안목의 정욕과 이생의 자랑이다.

육신의 정욕(The lust of the flesh)은 육신의 즐거움만을 추구하는 쾌락 지향적인 삶을, **안목의 정욕**(The lust of the eyes)은 소유한 것으로 말미암은 즐거움만을 추구하는 소유 지향적인 삶을, **이생의 자랑**(The vain glory of life)은 자신의 지혜와 힘에 의한 삶을 통해 사람들에게 영광을 받고, 권세를 누릴 수 있는 즐거움만을 추구하는 권력 지향적인 삶을 말한다.

마귀는 첫째 아담에게 창 3:6 "여자가 나무를 본즉 먹음직도 하고(**육신의 정욕**) 보암직도 하고(**안목의 정욕**) 지혜롭게 할 만큼 탐스럽게도 한(**이생의 자랑**) 나무인지라 여자가 그 열매를 따 먹고 자기와 함께 함께한 남편에게도 주매 그도 먹은지라." 라는 말씀처럼 3대 시험을 하였다.

마귀는 율법의 유일한 수납자인 동시에 전달자인 하나님의 위대한 종, 모세에게도 동일하게 3대 시험을 하였다. 첫 번째 시험은 **이생의 자랑**이다. 모세가 '애굽 공주의 아들' 로 남아 있었다면, 모세는 장차 왕이 되어 애굽의 신하들과 백성의 존경을 받으며 한평생 부귀와 권세와 영광을 누리며 살았을지도 모른다. 그러나 모세는 히 11:24 "바로의 공주의 아들이라 칭함 받기를 거절하고." 라는 말씀처럼 영광의 자리를 일순간에 포기함으로 이생의 자랑 시험을 통과하였다.

두 번째 시험은 **육신의 정욕**이다. 모세는 40년 동안 애굽의 왕자로서 최상의 음식을 먹고 옷을 입으며 세상의 즐거움과 쾌락을 마음껏 누리며 살아왔다. 그러나 모세는 히 11:25 "하나님의 백성과 함께 고난받기를 잠시 죄악의 낙을 누리는 것보다 더 좋아하고." 라는 말씀처럼 이런 즐거움과 쾌락을 '죄악의 낙' 으로 여기고 고난의 길을 선택함으로 육신의 정욕 시험을 통과하였다.

세 번째 시험은 **안목의 정욕**이다. 모세는 왕자로서 많은 재산을 소유하고 그것을 누리는 삶에 익숙하였지만, 모세는 히 11:26 "그리스도를 위하여 받는 수모를 애굽의 모든 보화보다 큰 재물로 여겼으니."라는 말씀과 같이 애굽의 모든 보화보다 그리스도를 위하여 수모를 택함으로 안목의 정욕 시험을 통과하였다.

마귀는 마 4장에서 둘째 아담인 예수님께도 동일하게 3대 시험을 하였다. 첫 번째 시험, 마 4:3 "이 돌들로 떡 덩어리가 되게 하라."에 대해서 여러 학자와 주석가는 동일하게 육신의 정욕으로 구분하고 있지만, 두 번째 시험과 세 번째 시험에는 이견을 보이고 있다. 조지 휫필드(G. Whitefield)는 마 4:5-6 "마귀가 예수를 거룩한 성으로 데려다가 … 발이 돌에 부딪히지 않게 하리로다."를 안목의 정욕으로, 마 4:8-9 "마귀가 … 내게 엎드려 경배하면 이 모든 것을 네게 주리라."를 이생의 자랑으로 분류하지만,[3] 윌밍턴(H. L. Willminton)은 마 4:8-9를 **안목의 정욕**으로, 마 4:5-6을 **이생의 자랑**으로 구분한다.[4]

저자는 윌밍턴의 구분에 동의한다. 마귀는 마 4:8-9에서 자신을 경배하는 대가로 천하 만국을 주겠다고 예수님을 유혹하였음으로 소유 지향적인 삶인 안목의 정욕으로, 마 4:5-6에서 성전 꼭대기에서 뛰어내려도 죽지 않는 전능한 능력을 보여 사람들로부터 경배와 권세를 얻으라고 예수님을 유혹하였음으로 권력 지향적인 삶인 이생의 자랑으로 보는 것이 타당하다.

마귀는 인류의 조상인 아담에게는 **육신의 정욕 – 안목의 정욕 – 이생의 자랑** 순으로, 모세에게는 **이생의 자랑 – 육신의 정욕 – 안목의 정욕**의 순으

3) George Whitefield, *Sermons on Important Subjects*, 서문강 역, 「시험당하는 자를 도우시는 그리스도」(서울: 지평서원, 2003), 26-47.

4) Harad L. Willmington, 「윌밍턴/본문중심 성경연구: 신약」(서울: 나침반, 1991), 78.

로, 둘째 아담인 예수님께는 **육신의 정욕 – 이생의 자랑 – 안목의 정욕**의 순[5]으로 시험하였다. 이것은 마귀가 각 사람의 성향에 따라 다른 전략과 방법과 수단을 써 시험함을 보여준다.

마귀는 삶의 중심축에 쾌락을 둔 자에게는 육신의 정욕으로, 물질을 두고 사는 자에게는 안목의 정욕으로, 명예와 권력을 두고 사는 자에게는 이생의 자랑으로 시험한다.

옥한흠 목사는 자신의 책에서 3대 시험을 예수님께서 이기신 시험으로 전제하면서 '하나님을 의심하라(마 4:3) – 하나님을 시험하라(마 4:5-6) – 하나님을 배신하라(마 4:8-9)' 로 구분하고, 각각에 대한 좋은 적용을 보여주고 있다.[6]

마귀의 시험은 인간의 마음에 오는 시험으로, 사람의 성향에 따라 다른 전략과 방법으로 다가옴을 알 수 있다.

[표 1] 3대 시험

구분	아담(창 3:6)	모세(히 11장)	예수님(마 4장)[7]
육신의 정욕	먹음직도 하고(①)	죄악의 낙(25절:②)	떡이 되게 하라(3절: ①)
안목의 정욕	보암직도 하고(②)	애굽의 모든 보화 (26절: ③)	천하 만국을 주리라 (8-9절: ③)
이생의 자랑	지혜롭게 할 만큼(③)	바로 공주의 아들 (24절: ①)	뛰어 내리라(5-6절: ②)
예수님이 인용하신 말씀	1) 육신의 정욕-신 8:3 2) 안목의 정욕 – 신 6:13 3) 이생의 자랑 – 신 6:16		

주) ① ② ③은 시험이 온 순서이다.

5) 이 순서는 마태복음에 근거한 것이다.
6) 옥한흠, 「시험이 없는 신앙생활은 없다」 (서울: 국제제자훈련원, n. d.), 25-70.
7) 누가복음 4장에서는 마 4장의 두 번째 시험과 세 번째 시험이 바뀌어 기록되어 있음을 알 수 있다: 육신의 정욕(눅 4:3)-안목의 정욕(눅 4:5-7)-이생의 자랑(눅 4:9-

2. 목적(Purpose)

모든 일은 목적이 있다. 각 대학은 자신들의 교육 목표에 합당한 학생들을 선발하기 위해서, 각 기업은 자신들의 기업 목표를 실현하는데 합당한 인재를 선발하기 위해 시험을 본다.

신앙의 시험에도 예외가 없다. 하나님의 시험이든, 마귀의 시험이든 공통점은 두 시험 모두 분명한 목표가 있고, 다른 점은 하나님의 시험은 승리를 전제하고 마귀의 시험은 실패를 전제로 한다.

A. 하나님의 시험 목적(The Purpose of The Test of God)

하나님의 시험 목적은 크게 두 가지로 기술할 수 있다. 첫 번째 목적은 하나님께서 신자에게 하나님의 복을 누릴 수 있는 거룩한 성품을 주시기 위한 것이다. 이것은 약 1:4 "이는 너희로 온전하고 구비하여 조금도 부족함이 없게 하려 함이라." 라는 말씀에서 잘 볼 수 있다. '온전한' 은 헬라어로 **τελειος**(*텔레이오스*)로서 영적으로, 도덕적으로 완전함, 즉 성숙함을 의미하고, '구비하여' 는 헬라어로 **ὁλοκληρος**(*홀로클레로스*)로서 이 단어는 '온전히' 를 의미하는 **ὅλος**(*홀로스*)와 '획득' 을 의미하는 **κληρος**(*클레로스*)의 두 단어가 합성된 것으로 온전히 성장하는 것을 의미한다. 따라서 '온전하고 구비하여' 이란 영적으로 도덕적으로 온전히 성숙하게 되는 것을 말하고, 현대어 성경은 '온전히 성장해서' 라고 번역함으로 이것을 잘 나타내고 있다.

하나님 시험의 첫 번째 목적은 히 6:14 "내가 반드시 너에게 복주고 복주며 너를 번성하게 하고 번성하게 하리라." 라는 하나님의 약속을 이 땅에서 누릴 수 있도록 신자를 영적으로 도덕적으로 성숙하게 하는 것이라고

---

10).

8) H. L. Willmington, 「윌밍턴/본문중심 성경연구: 구약」, 172.

말할 수 있다.

대표적인 인물들로 욥(Job)을 들 수 있다. 어느 날 욥에게 여러 가지 재앙이 한꺼번에 몰려왔다. 첫 번째 재앙은 스반 사람이 갑자기 와서 칼로 종들을 죽이고 소과 나귀를 빼앗아 간 것이다. 두 번째 재앙은 하나님의 불이 내려와 양과 종들을 살라버린 것이다. 세 번째 재앙은 갈대아 사람들이 갑자기 달려들어 칼로 종들을 죽이고 낙타를 약탈해간 것이다. 네 번째 재앙은 태풍으로 집이 무너져 자녀가 모두 죽은 것이다. 다섯 번째 재앙은 욥에게 발바닥에서 정수리까지 악창이 난 것이다.

이 재앙들에 더해져서 더욱 욥을 절망하게 한 것은 자신의 아내가 욥 2:9 "하나님을 욕하고 죽으라."라고 저주하며 욥을 떠난 것과 욥을 위로하기 위해 온 친구들, 엘리바스, 빌닷, 소발, 엘리후가 **자신들의 경험과 전통과 교리와 지식**에 근거하여 욥의 재앙은 욥의 죄 때문에 온 것이라고 진단하고 회개를 촉구한 일이었다.[8)]

욥은 고난을 통하여 하나님을 만남으로 욥 42:5-6 "내가 주께 대하여 귀로 듣기만 하였사오나 이제는 눈으로 주를 뵈옵나이다… 티끌과 재 가운데에서 회개하나이다."라고 고백하게 되었다. 이전까지 욥은 자신을 회개할 것이 없는 의로운 사람으로 여기고, 자신이 받은 고난을 매우 억울하게 생각하였다. 그러나 하나님의 거룩한 존전 앞에서 자신의 많은 허물과 부정함을 깨닫고 즉시 회개함으로 하나님께 영적으로 도덕적으로 성숙함이라는 선물을 받게 되었다.

이후에 욥의 소유는 재앙 이전보다 갑절이 되고, 자녀는 재앙 이전과 동일하게 아들 일곱과 딸 셋을 두었고, 욥 42:11에 기록되어 있는 것처럼 모든 인간관계가 회복되었다. 이후 욥은 140년을 더 살다가 하나님 곁으로 갔다.

하나님 시험의 두 번째 목적은 하나님께서 당신의 사명자에게 사명의 자격증을 주시기 위한 것이다. 이것은 롬 5:3-4 "우리가 환난 중에도 즐거

---

9) 전광, 「백악관을 기도실로 만든 대통령」 (서울: 생명의말씀사, 2004), 25-140.

워하나니 이는 환난을 인내를, 인내는 연단을, 연단은 소망을 이루는 줄 앎이로다." 라는 말씀에서 볼 수 있다.

'환난(Tribulation)' 은 헬라어로 θλιφις(*텔립시스*)이고, 시련(Trial)이라는 의미로 인내를 낳는다. '인내(patience)' 는 헬라어로 ὑπομονη(*휘포모네*)이고, ὑπομενω(*휘모메노*; 인내하다)에서 유래한 명사이다. ὑπομενω(*휘모메노*)는 전치사, ὑπο(*휘포*; 아래, ~로 말미암아)와 동사, μενω(*메노*; 머물다, 거주하다)의 합성어이다. 따라서 여기서 말하는 인내란 철학적인 인내, 즉 시련이 끝날 때까지 단순히 오래 참고 견디는 것이 아니라, 중간에 쓰러짐과 넘어짐의 실패와 좌절이 있음에도 끝까지 주님의 말씀을 믿고 주님 안에 거하는 신앙적 인내를 말한다.

인내는 연단을 낳는다. '연단' 은 헬라어로 δοκιμή(*도키메*)이고, '증명, 증거, 시험(proof)' 이라는 의미로 하나님께서 주신 사명을 감당하기에 충분한 자격을 소유하고 있음을 하나님께 인정받는 것을 의미한다. 하나님께서는 인정하신 자에게 사명의 자격증을 수여하신다.

연단은 소망을 낳는다. 소망은 헬라어로 ἐλπίς(*엘피스*)이고, '희망, 기대(Hope)' 를 의미한다. 운전 면허증을 받은 사람이 차를 운전할 수 있음에 감사하며 그 즐거움에 기대를 하는 것같이 하나님께 사명의 면허증을 받은 신자는 자신이 주님 나라 건설과 확장에 주역이 될 것이라는 소망으로 기뻐하고, 자신을 통하여 주님의 일이 놀랍게 부흥하고 성장할 것이라는 소망을 하게 된다.

대표적인 인물로 에이브러햄 링컨을 들 수 있다. 그는 가난으로 초등학교도 제대로 나오지 못한 학벌을 극복하고 변호사와 하원의원이 되고, 미국 역사상 가장 존경받는 대통령 중 한 사람이 되었다.

링컨의 가문은 1637년 영국에서 미국에 이민 온 평범한 그리스도인 가정이었습니다. 그의 아버지 토머스 링컨은 처음에는 농사일하다가 구두 수선공으로 일하였다. 그는 구두를 매우 잘 고쳤기 때문에 상원의원까지도 단골손님이 되었지만, 아버지의 직업은 그가 대통령이 되었을 때, 상원의원들에게 큰 충격을 주었다.

"당신이 대통령이 되다니 정말 놀랍습니다. 당신의 아버지가 구두 수선공인 것을 잊지 마십시오. 내가 지금 신고 있는 구두도 바로 당신의 아버지가 만든 것입니다. 지금까지 그런 형편없는 신분으로 대통령에 당선된 사람은 아마 미국 역사상 없을 것입니다."

어느 날 신문 기자가 링컨 옆으로 다가와 이런 질문을 던졌다. "당신의 놀라운 성공의 삶의 비결은 어디에 있다고 생각하십니까?" 링컨은 웃으며 이렇게 대답하였다. "그야 다른 사람보다 실패를 자주 경험했기 때문이지요. 나는 실패할 때마다 실패에 담긴 하나님의 뜻을 배웠고 그것을 징검다리로 활용했습니다. 사탄은 내가 실패할 때마다 '이제 너는 끝장이다' 고 속삭였지만, 하나님께서는 실패할 때마다 이번 실패를 거울삼아 더 큰 일에 도전하라고 말씀하시었습니다. 나는 사탄의 음성보다 하나님의 음성에 귀를 기울였지요."

링컨의 생애는 실패와 불행의 연속이었다. 그는 크고 작은 선거에서 일곱 번이나 낙선의 고배를 마셨으며, 사업에도 두 번이나 실패하여 많은 빚을 지고 그 빚을 갚는 데 17년이나 걸렸다. 그는 평생에 사랑하는 사람들을 죽음으로 잃었다. 10살 때 어머니 낸시와 20살 때 누나가 세상을 떠났고, 42살 때 5살인 둘째 아들 에드워드, 53살 때 12살인 셋째 아들 윌리엄을 잃는 고통을 겪었다.

그는 어려움이 올 때마다 시 34:6 "이 곤고한 자가 부르짖으매 여호와께서 들으시고 그의 모든 환난에서 구원하셨도다."라는 말씀을 의지하여 기도함으로 하나님께 이길 힘을 받아 일어서게 되었다.

링컨의 실패와 불행은 그가 하나님께 사명의 자격증을 받아 노예 제도를 폐지하고, 하나님께서 창조하실 때 모든 인간에게 주신 자유를 흑인들에게 되찾아주는 사명을 완수하게 하였다.[9]

---

10) Dean Sherman, *Spiritual Warfare for Every Christian*, 이상신 역, 「그리스도인

B. 마귀 시험의 목적
(The Purpose of The Temptation of Devil)

마귀 시험의 목적은 신자가 믿음에서 이탈하여 성령 훼방 죄까지 지음으로 구원에서 완전히 제외되는 영적 파멸로 이끌기 위한 것이다.

마귀는 신자의 약함을 주시하고 있다가 완벽한 기회가 왔다고 생각되면 파멸의 씨앗을 뿌리고, 욕심과 탐욕의 물을 계속 주어 성장시키고, 결국에는 약 1:15 "죄가 장성한즉 사망을 낳으리라." 라는 말씀처럼 죄가 크게 장성하여 하나님을 부인하고 온전히 떠남으로 영적 사망에 이르게 한다.

딘 셔만(D. Sherman)은 자신의 책, 「모든 그리스도인을 영적전쟁」(*Spiritual Warfare for Every Christian*)에서 사탄이 공격하는 방법을 고후 12:10 "그러므로 내가 그리스도를 위하여 약한 것들과 능욕과 궁핍과 박해와 곤고를 기뻐하노니 이는 내가 약한 그때에 강함이라." 라는 본문에 근거하여 5가지로 제시한다. ① 약한 것들; 이것은 마귀가 우리의 육체를 공격한다는 말이다. ② 능욕; 사탄은 능욕을 줌으로써 공격한다. ③ 궁핍; 어둠의 세력은 궁핍하게 만듦으로써 공격한다. ④ 박해; 사탄은 박해함으로 공격한다. ⑤ 곤고; 삶의 여정에 곤고를 보냄으로써 공격한다.[10)]

육신의 정욕(The lust of the flesh) 시험에 쓰러진 자로는 구약성경에서 엘리 제사장의 두 아들을 들을 수 있고, 성경은 삼상 2:17 "그들이 여호와의 제사를 멸시함이었더라." 라고 진단을 내린다.

엘리의 아들들은 제사법을 습관적으로 범하는 죄를 지었다. 먼저 두 아들은 레 7:28-36에 기록된 제사법을 어기고 이스라엘 백성이 제사를 드리려고 고기를 삶을 때에, 세 살 갈고리를 가진 사환을 보내어 냄비에나 솥에나 가마에 찔러서 걸려 나오는 것들은 모두 자신들에게 가져오게 하였다(삼상 2:13-14). 다음으로, 그들은 번제단에서 번제물의 기름을 태워 하나

을 위한 영적전쟁」(교양; 예수전도단, 2008), 61-82, 215-20.

님께 드린 후 제사장의 몫을 취할 수 있는 규례(레 7:5-6, 13-14)를 무시하고 기름을 태우기 전 강제로 날고기를 빼앗아 갔다(삼상 2:15-16). 심지어 그들은 회막 문에서 수종 드는 여인들(출 38:8)과 동침하는 음행 죄까지 지었다(삼상 2:22).

육신의 정욕 시험을 통과하지 못한 두 아들, 홉니와 비느하스는 블레셋과의 싸움에서 죽게 되었다(삼상 4:11).

안목의 정욕(The lust of the eyes) 시험에 실패한 인물로 구약성경에서 발람을 들 수 있다.

모압 왕 발락은 아모리 족속과의 싸움에서 승리한 이스라엘 백성이 모압 평지에 이르자 두려워하여 복술가 발람을 초청하였다. 발람은 하나님의 계시를 받고 첫 번째 초청을 거절하였다.

발락은 더 높은 고관들을 보내어 많은 물질로 유혹하였다. 발람은 그들과 함께 모압으로 가고, 가는 도중 하나님의 사자를 만나 민 22:35 "내가 네게 이르는 말만 할지니라."라는 경고를 들었다.

발락은 발람을 인도하여 바알의 산당에서, 비스가 꼭대기에서, 브올 산 꼭대기에서 이스라엘 백성을 저주하게 하였지만, 매번 하나님께서 발람의 입에 말씀을 주심으로 실패하였다.

발람은 마지막으로 이스라엘이 모든 원수를 물리치고 승리할 것을 예언하고, 가는 길에 돈의 유혹을 이기지 못하고 발락에게 이스라엘 백성을 모압의 아름다운 여인으로 유혹할 것을 권고하였다.

이스라엘 백성은 모압 여자들의 유혹에 넘어가 음행과 우상 숭배의 죄를 지었고, 하나님의 진노로 그들 중 이만 사천 명이 염병으로 죽었다(민 25:1-9, 31:16, 계 2:14).

이생의 자랑(The vain glory of life) 시험에 실패한 인물로 구약성경에서 히스기야 왕을 들 수 있다.

히스기야 왕은 앗수르 군대 18만 5,000명을 하나님의 이적으로 물리친 후 죽을 병에 걸려 하나님께 필사적으로 기도하여 치료받고 생명이 15년 연장되었다(사 37-38장).

바벨론 왕 므로닥발라단은 히스기야 왕이 죽을병이 들었다가 나았다 함을 듣고 그를 위로하기 위해 사자들을 파견하였다. 히스기야 왕은 바벨론 사자들에게 자신의 영광을 자랑하고 싶은 마음이 들어 창고에 있는 모든 무기와 값진 물건을 다 보여 주었다.

이사야 선지자는 하나님의 말씀을 받아 "지금까지 쌓아 둔 모든 것이 바벨론으로 옮겨지고, 태어날 자손 중에서 몇이 사로잡혀 바벨론 왕궁의 환관이 되리라."라고 히스기야 왕에게 예언하였다(사 39장). 이 예언은 주전 587년에 바벨론에 의해 예루살렘이 멸망하고 백성이 포로로 잡혀가므로 성취되었다.

마귀는 여러 전략, 특히 3대 시험을 통하여 결국에는 신자를 영적 파멸로 이끌기 위해 때로는 달콤하게, 때로는 은밀하게, 때로는 무서운 얼굴을 가지고 끊임없이 접근함을 알 수 있다.

II

아브라함의 시험들

(The Tests of Abraham)

Ⅱ. 아브라함의 시험들 (The Tests of Abraham)

1. 레폰(S. Lepon)이 기술한 10가지 시험[11)]

A. 제1시험

아브라함은 우상의 땅인 갈대아 우르에서 하나님만이 참 신(God)임을 외쳤다. 니므롯(Nimrod)은 분노하여 체포하라고 명령하였다. 아브라함은 캄캄한 동굴로 도망갔다. 그는 그 동굴에서 13년 동안 숨었다.

레폰은 첫 번째 시험이라고 분류하고 있다.

B. 제2시험

아브라함은 자신의 아버지가 만든 우상을 모두 깨트렸다. 아버지는 니므롯 왕에게 끌고 갔고, 왕은 그를 풀무에 던졌다. 그러나 하나님은 그의 생명을 구해주셨다. 아브라함은 하나님을 위해 기꺼이 죽으려고 하였다.

레폰은 아브라함의 두 번째 시험이라고 분류하고 있다.

C. 제3시험

11) 레폰의 책을 번역하여 일부 내용은 그대로 인용하고, 각 시험마다 레폰의 견해 혹은 저자의 견해를 기술하였다. 참고: S. Lepon, *The Ten Tests of Abraham* (New York, The Judaica Press, 1986).

하나님께서 아브라함에게 '가라고(Go far away)' 명령하셨다. 아브라함은 모든 소유를 버리고 사라와 조카와 함께 미지의 땅으로 떠났다.

레폰은 아브라함의 세 번째 시험이라고 분류하고 있다.

D. 제4시험

아브라함은 하나님께서 택하신 가나안 땅에 도착하였지만, 곧 기근을 만나 식량을 구하기 위해 가나안 땅을 떠나야만 했다. 그러나 아브라함은 그들이 돌아와야 한다는 것을 알았다.

레폰은 아브라함의 네 번째 시험이라고 분류하고 있다.

E. 제5시험

그들은 이집트로 갔고, 이집트인들은 사라의 아름다움과 우아함을 보고 바로에게 데려갔다. 이 일로 하나님께서는 바로를 하나님께 심한 피부병으로 처벌하셨고, 바로는 사라를 놓아주었다.

아브라함은 하나님의 도우심으로 그의 아내가 구조될 것을 신뢰하였다.

레폰은 다섯 번째 시험이라고 분류하고 있다.

F. 제6시험

그들은 가나안 땅에 돌아왔다. 4명의 강대한 왕들이 소돔을 공격하여 롯과 아내와 딸들을 붙잡아 가버렸다. 아브라함은 한 명(one)의 충성스런 하인을 데리고 가서 수백, 수천 이상의 군대들과 싸워 롯을 구출하였다.

레폰은 수백, 수천의 군대들과 화살들과 막대기들의 두려움을 여섯 번째 시험이라고 분류하고 있다.

G. 제7시험

하나님께서 아브라함에게 "너희 자녀는 나의 택한 족속이 될 것이지만, 나는 세대마다 그들을 훈련해야만 한다. 그들은 방랑자들, 노예들, 가난한 자들이 될 것이며 모욕과 압박을 당하게 될 것이다."라고 말씀하셨다. 아브라함은 고통받으며 기도로 하나님의 자비를 구하였다.

아브라함은 하나님의 약속에 대한 믿음으로 그의 자녀가 하늘의 별처럼 많아질 것을 보았다.

레폰은 "그는 일곱 번째 시험을 통과하였다."라고 기술하였다.

H. 제8시험

하나님께서 아브라함이 99세일 때 나타나시어 아브라함을 포함한 모든 남자가 할례를 행할 것을 명령하셨다.

"하나님께서 단 한 번 말씀하셨지만, 아브라함은 미루지 아니하였다, 왜냐하면, 이것은 중요한 시험이기 때문이다."

레폰은 여덟 번째 시험이라고 분류하고 있다.

I. 제9시험

사라는 "나의 여종과 결혼하라."라고 아브라함에게 말하였다. 곧 하갈은 아브라함의 첫 번째는 낳았다. 사라는 이스마엘이 이삭에게 행한 모든 것을 보았다. 사라는 이스마엘을 내보내 달라고 요구하고, 하나님께서는 사라의 요구대로 할 것을 명령하셨다.

"나는 이스마엘을 그리워할 것이다, 그러나 하나님의 뜻은 나의 것이다."

레폰은 이스마엘을 보내는 것을 아홉 번째 시험이라고 분류하고 있다.

J. 제10시험

이삭이 성장하자 하나님께서 아브라함에게 이삭을 어린양처럼 번제로 드리라고 요구하셨다. 아브라함은 이삭과 함께 사흘 동안 여행하여 모리아 산에 도착하여 이삭을 번제로 드리기 위해 칼을 들었다.

"너는 모든 다른 사람들보다 더 높은 수준에 도달하였다, 너는 모든 시험을 통과하였다, 심지어 열 번째 시험까지."

레폰은 열 번째 시험으로 분류하고 있다.

2. 성경에 근거한 10가지 시험

아브라함의 시험은 분류하는 방식에 따라 달라질 수 있다. 저자는 아브라함의 시험을 성경에 근거하여 10가지 분류한다. 이것은 앞에서 기술한 레폰의 10가지 시험과 겹치는 부분이 있다. 그러나 저자는 시험의 종류 및 단순한 구분보다는 각 시험이 현대 신자에게 어떤 시험으로 오며, 이에 대한 교훈과 대응 방법을 찾아보는 데 중점을 두고 기술할 예정이다.

각 시험을 기술하기 전에 저자가 강조할 것은 '아브람' 이 '아브라함' 으로 이름이 개명되면서, 믿음의 조상이 된 것은 세월이 가매 저절로 이루어진 것이 아니고, 아브람은 치열한 경건의 연습과 훈련을 통해 아브라함이라는 이름으로 개명되고, 하나님께 믿음의 조상이라는 자격증을 받게 되었다는 것이다.

주님께서는 신자들에게 딤전 4:7-8 "망령되고 허탄을 신화를 버리고 경건에 이르도록 네 자신을 연단하라 육체의 연단은 약간의 유익이 있으나 경건은 범사에 유익하니 금생과 내생에 약속이 있느리라." 라고 말씀하고 계신다.

운동선수가 육체의 연습을 통하여 자신의 근력과 경기력을 향상함으로 정상에 설 수 있는 것처럼 신자는 경건의 연습을 통하여 믿음과 거룩함의 근력을 향상함으로 점점 하나님의 말씀에 순종의 삶을 살게 되고, 신자의 이런 삶은 하나님을 기쁘게 해 드림으로 신자는 금생과 내생에 하나님의 축복과 상급을 받게 된다.

구약성경 창세기에 기록되어 있는 아브라함의 10가지 시험은 현대 신자에게 다가오는 하나님 시험의 종합 편이다. 각각의 시험은 때로는 동일한 얼굴로, 때로는 다른 얼굴로 신자의 삶 속에, 신자의 사명의 길에 올 것이다. 따라서 올바른 전략과 방법으로 대처한 신자는 이것을 전환점(Turning Point)으로 차원 높은 삶과 신앙생활을 영위하게 될 것이다.

A. 제1시험: 부르심의 시험(창 11:27-12:5)

창 11:31과 행 7:1-4에 근거하여 볼 때 이사의 주체는 아브함이 아니라 '지체' 라는 뜻을 가진 아브람의 아버지인 '데라' 이지만 갈대아 우르를 떠나 지시한 땅으로 가라는 하나님의 명령을 받은 사람은 아들 '아브람' 이다.

우상 숭배자인 데라가 갈대아 우르를 떠난 것은 하나님의 명령에 순수하게 순종한 결과라기보다는 떠날 수밖에 없는 환경과 고난 때문에 자포자기 심정으로 떠났다고 볼 수 있다.

왕대일은 아래와 같은 문학적 구조(Literary Structure)와 주석을 통해 이것을 입증해준다.

데라의 족보(창 11:27-32)

Ⅰ. 표제	11:27a
Ⅱ. 데라의 가정사	11:27b-32
A. 우르에서의 일	11:27b-30
1. 아들과 손자의 탄생	11:27b
2. 사건	11:28-30
a. 하란의 죽음	11:28
b. 아브람과 나홀의 결혼	11:29-30
1) 결혼	11:29
2) 사라의 임신못함	11:30
B. 데라의 이주	11:31-32
1. 데라의 이주: 우르에서 하란까지	11:31
2. 데라의 죽음	11:32

왕대일은 이 구조를 통해 데라의 비극적인 가정사를, ① 막내아들인 하란이 불쑥 자식을 낳아 데려온 것이다(창 11:27). ② 막내아들 하란이 죽는 것이다(창 11:28). ③ 사라가 아들을 낳지 못한 것이다(창 11:30). 등과 같이 세 단계로 정리하고, 데라가 이 비극 때문에 갈대아 우르를 떠나 하란으로 가게 된 것이라고 주석한다(창 11:31).[12]

정석규는 이 소 단락(Sub-Unit)의 문학적 구조(Literary Structure)를 아래와 같이 교차대구 구조(Chiasmus)로 분석하고, 중앙 부분에 사래가 자식이 없음(11:30)이 위치함으로 소 단락의 주제를 사라의 '불임' 으로 보았다. 그는 아들이 없는 것은 상속받을 후손이 없으므로 땅을 차지할 수 없게 된다고 설명하였다.[13] 이것은 아브람과 사래가 간절하게 아들을 원한 이유를 제공해준다.

1. 서언	11:27
2. 우르에 있었던 가족	11:28
3. 아브람과 나홀이 아내를 취함	11:29
4. 사래가 자식이 없음	**11:30**
3' 데라가 아브람과 사래, 롯을 취함	11:31a
2' 우르를 떠나 하란에 거함	11:31b
1' 결언	11:32

테렌스 프레테임(T. E. Fretheim)은 "데라의 가족(창11:27-32)에 대해서, 그것은 이른 죽음(Early Death), 불임(Infertility), 중단된 여행을 의미한다. 어려움과 비극들, 죄와 악은 역시 아브라함의 이야기에 침투한다." 라고 기술함으로 데라의 비극적인 가정사를 간접적으로 이야기한다.[14]

데라는 비극적인 가정사와 아브람의 강권에 못 이겨 갈대아 우르를 떠

12) 왕대일, 「새로운 구약주석」 (서울: 성서연구사, 2000), 297-306.
13) 정석규, 「구조로 읽는 창세기」 (서울: 프리칭아카데미, 2006), 134.
14) T. E. Fretheim, *The Pentateuch* (Nashville: Abingdon, 1996), 85.

나게 되지만, 교통의 요충지로 상업이 발달한 하란 땅에 도착하자마자 마음이 변해 그곳에 주저앉게 되었다고 볼 수 있다. 데라가 그곳에 주저앉게 된 이유로 왕대일은 생계를 위해 우상을 만들어 팔았던 데라(수 24:2)의 끼가 발동한 것이라는 견해를 제시한다.[15]

저자는 이 견해를 다음과 같은 두 가지 이유에 근거하여 수용한다. 첫째, 하란도 갈대아 우르 지방과 동일한 우상을 섬기고 있었고, 데라는 이곳에서 우상을 만들어 팔면 안정된 삶을 살 수 있을 것이고 생각하였다. 둘째, 데라는 가정사의 비극과 아브람의 강권 때문에 갈대아 우르를 떠난 것이 아니라 하나님의 명령에 순종하여 떠난 것이라고 볼 수 있는 기록과 암시가 없다.

토마스 만(Thomas W. Mann)은 아브라함 시대(Cycle)의 서문인 창 11:27-32는 세 가지 정보를 준다고 기술한다. 첫째, 아브라함과 사라의 가족 관계를 세밀하게 알려준다. 둘째, 사라는 불임이라는 것을 알려준다. 셋째, 알려지지 않는 이유로 아브람의 아버지가 주도한 가나안으로 불안한 여행을 시작하였다. 토마스 만은 데라가 '알려지지 않는 이유'로 여행을 주도했다고 기술함으로 데라가 하나님의 명령에 순종하여 이사를 결정하였다는 어떤 증거도 찾아볼 수 없음을 암시적으로 말하였다.[16]

창 12:1에서 하나님께서 아브람에게 지시한 시기에 대한 학자들의 견해를 이상근은 자신의 책에서 ① 갈대아 우르에서 하신 것(행 7:2) ② 하란에서 데라가 죽은 후 하신 것 ③ 하란에서 하신 것을 반복하신 것 등으로 소개하면서 세 번째 견해가 가장 타당하다고 주장한다.[17]

저자는 첫 번째 견해, 갈대아 우르에서 행하신 것이 가장 타당한 것으로 생각한다. 왜냐하면, 행 7:2 "우리 조상 아브라함이 하란에 있기 전 메소보다미아에 있을 때에 영광의 하나님이 그에게 보여."라는 말씀에서 볼 때,

---

15) 왕대일, 「새로운 구약주석」, 306.

16) Thomas W. Mann, *The Book of the Torah: The Narrative Integrity of the Pentateuch* (Atlanta, John Knox, 1973), 32.

17) 이상근, 「창세기」 (대구: 성등사, 1989), 134.

하나님께서 아브람에게 나타나신 곳은 분명히 메소보다미아, 즉 갈대아 우르이고, 이곳에서 하나님께서는 아브라함에게 행 7:3 "이르시되 네 고향과 친척을 떠나 내가 네게 보일 땅으로 가라 하시니." 라는 명령을 주셨다고 볼 수 있기 때문이다. 칼빈(J. Calvin)은 자신의 주석 책에서 "스데반은 확증으로 부가하며 말하는데 확실히 이 구절에 대한 그의 적절한 해석은 인정할만한 가치가 있다." 라고 기술함으로 저자의 견해와 일치한다.[18)]

얼마 후에 아브람은 창 12:4, 행 7:4의 말씀에서 보는 것과 같이 중대한 결심을 하고 하란을 떠나 가나안 땅으로 출발하였다. 유대인의 일반 연대표에 의하면, 아브람이 하란 땅을 떠날 때 데라의 나이가 145세였고, 그 후로 60년을 더 살고 205세에 죽었다. 이것은 아브람이 생존하고 있는 아버지 데라를 하란 땅에 두고 하나님의 명령에 순종하여 떠난 것을 의미한다. 만약 이것이 사실이라면, 아브람은 참으로 괴로운 결단(마 10:37)을 내린 것이고, 이 결단은 수많은 갈등과 고통의 산물이다.[19)]

첫 번째 시험은 아브람에게 많은 재산과 소유를 버리고, 친척과 친구, 심지어 사랑하는 아버지까지 하란 땅에 두고 떠나라는 하나님의 명령이다. 이것은 아브람이 아브라함이 되고 믿음의 조상이 되기 위해서는 필수적인 과정이다. 왜냐하면, 아브람이 떠나지 않고 갈대아 우르나 하란 땅에 계속 머물게 되면, 그는 세상 문화에 빠져 택한 백성으로 거룩한 삶을 살 수 없기 때문이다. 따라서 '떠남' 은 아브람이 하나님의 택한 믿음의 족장이 되기 위해 반드시 통과해야 하는 시험이다.

만약 아브람이 이 시험을 통과하지 못하였다면, 그는 믿음의 조상이 되지 못할 수도 있었다. 물론 하나님께서 이 시험을 통과하는 데 힘이 되는

---

18) John Calvin, *The First Book of Moses: Genesis*, 존_칼빈성경주석출판위원회 역, 「칼빈 성경주석 1: 창세기 Ⅰ」 (서울: 성서교재간행사, 1990), 322.

19) 유태인 일반 연대표에 의하면, 데라는 BCE 1883년 태어나고, 아브람은 BCE 1813년에 태어났다. 이 연대표에 의하면 데라가 70세일 때 아브람이 태어난 것을 볼 수 있다. 따라서 아브람이 75세일 때 데라는 145세임을 알 수 있다. 참고: 변순복 편역, 「토라」 (서울: 대서, 2004), 329-30.

약속을 아브람에게 주셨다. 구더(P. Gooder)는 창 12:1-2의 말씀으로 하나님께서는 아브람에게 첫째, 자손에 대한 약속("내가 너로 큰 민족을 이루고.")과 둘째, 하나님과의 관계에 대한 약속("나는 너를 축복하고, 너의 이름을 창대케 하리니.")과 셋째, 땅의 약속(너의 본토로부터 내가 너에게 보여준 땅으로 가라.") 등과 같은 세 가지 약속을 주셨다고 기술하였다.[20] 와이브레이(R. N. Whybray)는 자신의 책에서 창 12:1-3에서 기록되어 있는 하나님의 약속은 온전히 땅과 자손에 관련된 약속이라는 차일즈(B. Childs)의 의견에 동조하였다.[21]

하나님의 약속이 있음에도 아브람은 가능성은 적지만 자신의 의지로 하나님의 명령을 거부할 수도 있었다. 그러므로 선택은 여전히 아브람의 몫이었다. 아브람은 수많은 의심과 회의와 갈등을 이기고 하나님의 명령에 순종을 택함으로 첫 번째 시험을 통과하였다.

모든 일에 선택이 얼마나 중요한가를 암시적으로 교훈하는 예화가 있다.

중세 유럽의 한 소녀에게 청혼이 들어왔다. 한 사람은 왕위를 물려받을 어느 나라의 황태자였고, 한 사람은 근육질의 미남인 기사이고, 한 사람은 돈 많은 상인의 아들이었다. 소녀는 세 청년 모두 마음에 들어 선택하지 못하고 시간을 끌게 되었다. 청혼자들은 기다리다가 지쳐 다 떠나게 되었다. 다 놓쳐 버린 것을 비관한 소녀는 병이 들어 죽게 되었다. 소녀의 무덤에는 한 꽃이 피었다. 그런데 꽃의 봉오리는 왕관의 모습, 꽃잎은 기사 칼의 모습, 뿌리는 금괴의 모습을 닮았다고 한다. 그 꽃은 바로 튤립이다.[22]

아브람에게 하나님의 첫 번째 시험은 하나님의 명령에 순종하여 본토를 떠날 것인가 아니면, 본토, 즉 세상에 머물 것인가에 대한 선택의 시험이다.

현대도 이 시험은 동일하게 선택을 요구하며 부르심, 또는 소명의 시험

---

20) Paula Gooder, *The Pentateuch: A Story of Beginnings* (London and New York: Continuum, 2000), 57-8.

21) R. N. Whybray, *Introduction to the Pentateuch* (Grand Rapids: William B. Eerdmans, 1995), 53.

22) 김현성, 「꿈과 비전의 시크릿」 (서울: 2008, 국민일보), 154-5.

으로 다가온다. 전자는 비신자가 신자가 되기 위해 통과해야 하는 **구원의 부르심 시험**이라면 후자는 하나님께서 신자를 통하여 당신의 일을 이루시기 위해 신자에게 주시는 **사명을 위한 소명의 시험**이다.

1) 구원의 부르심 시험

벌코프(L. Berkhof)는 자신 책, 「조직신학 하」(*Introduction to Systematic Theology*)의 구원론에서 구원에는 순서가 있음을 말하고 있다.[23] 벌코프의 기술에 근거하여 구원의 순서(Way of Salvation, Ordo Salutis)를 분류하면, 크게 '예정-부르심-중생-회심-칭의-양자-성화-영화' 등이 되고, 구원에 대한 부르심의 시험은 '부르심-중생-회심'의 과정에서 겪는 회의와 고민이 된다.

벌코프는 자신의 다른 책 「기독교신학개론」(*Manual of Christian Doctrine*)에서 다음과 같이 기술함으로 '부르심-중생-회심'의 관계를 잘 설명해준다.[24]

> ① 말씀 전파에서 되는 외적 소명은 새 생명을 일으키는 성령의 역사보다 먼저 있거나 그와 동시에 일어난다. ② 다음으로, 하나님은 창조적인 행위로 새 생명을 발생하여 영혼의 내적 성향을 변화시킨다. 이것이 엄밀한 의미에서의 중생인 것이다. ③ 이 중생에서 인간은 영적(靈的)인 귀(ear)를 받게 된다. 영귀를 받음으로 죄인은 하나님의 소명을 효과적으로 마음에 받아들이기 때문에 그는 듣고 순종하게 된다. ④ 마지막으로 이 효과적인 소명은 영혼에 태어난 새 성향을 처음으로 거룩하게 운영하게 한다. 이 새 생명은 자체를 나타내기 시작하여 새 출생을 일으킨

---

23) L. Berkhof, *Introduction to Systematic theology*, 권수경 · 이상원 역, 「조직신학 하」 (고양: 크리스챤다이제스트, 2000), 659-67.

24) L. Berkhof, *Manual of Christian Doctrine*, 신복윤 역, 「기독교신학개론」 (서울: 성광문화사, 1974), 218.

다. 이것은 더욱 넓은 의미의 중생이며, 또한, 중생이 회심으로 넘어가는 전환점을 표시한다.

구원에 대한 하나님의 부르심의 대표적인 예로 눅 14:15-24에 기록되어 있는 잔치의 비유를 들 수 있다. 권세가 높은 주인은 당시 풍습에 따라 큰 잔치를 베풀고 손님을 초대하였다. 당시 풍습에 의하면, 그 잔치에는 상류층 남자들만 초대되고, 두 번에 걸쳐 초대하였다. 주인은 잔치에 참석할 사람들을 먼저 선정하고 참석 의사를 알아보기 위해 첫 번째 초대를 한다. 이때 거절하면 주인에게 실례가 되지 않는다. 주인은 첫 번째 초대 때 참석 의사를 밝힌 사람의 수에 따라 연회 장소와 음식을 마련하고 잔치 당일 두 번째 초청을 한다.

눅 14:16 "어떤 사람이 큰 잔치를 베풀고 많은 사람을 청하였더니."라는 말씀은 첫 번째 초대를 말하고 있다. 이때 별다른 언급이 없는 것으로 보아 거절한 사람이 한 명도 없었던 것으로 보인다. 주인은 잔치에 필요한 모든 것을 준비하고, 눅 14:17 "잔치할 시각에 그 정하였던 자들에게 종을 보내어 이르되 오소서 모든 것이 준비되었나이다."라는 말씀처럼 잔치 당일에 시간이 되었을 때 종을 보내어 두 번째 초청을 하였다. 그러나 그들은 모두 핑계를 대며 잔치 참여를 거절하였다. 두 번째 초대 거절은 단순히 약속을 어기는 것이 아니라 주인을 모욕하고 주인과는 영원히 원수가 되겠다는 선전 포고이다.

본문의 세 분류 사람들은 이 사실을 알고도 두 번째 초대를 의도적으로 거절하였다. 첫 번째 분류 사람은 밭을 샀고, 밭을 보살펴야 하기 때문에 갈 수 없다고 말한다. 농사에 가장 중요한 밭을 갈고 가꾸러 가야 하기 때문에 갈 수 없다는 것은 매우 타당한 이유인 것 같지만, 이것은 엉터리 핑계이다. 왜냐하면, 이것은 잔치를 불참하고 갈 만큼 긴급한 일이 아니기 때문이다.

두 번째 분류 사람은 소 다섯 겨리, 즉 소 10마리를 샀고, 이 소들이 일하기에 적합한지를 조사하러 가야 하기 때문에 잔치에 참여할 수 없다고 하였다. 이것은 매우 어리석은 변명이다. 왜냐하면, 농부는 이미 소들의 건강 상태와 적합성에 대해 충분히 검사하고 샀기 때문이다.

세 번째 분류 사람은 장가들었기 때문에 갈 수 없다고 하였다. 이것은 정말로 타당성이 없는 변명이다. 왜냐하면, 아내는 남편의 앞날을 위해 유력한 사람이 초대한 잔치에 참여할 것을 적극적으로 권유했을 것이기 때문이다.

성경 시대에서 보면, 밭을 산 사람은 유대 정치 지도자들을 의미한다. 왜냐하면, 밭이란 사람의 마음을 가리키고 밭을 관리하는 것은 백성의 마음을 관리하는 것이기 때문이다. 소 다섯 겨리를 산 사람은 서기관들을 의미한다. 왜냐하면, 서기관은 율법을 기록하고 율법을 해석하며, 삶의 지혜를 가르치는 사람들이기 때문이다. 소가 밭을 간다는 것은 서기관들이 사람들에게 율법을 해석해주고 삶의 지혜를 가르쳐주는 과정을 말한다. 결혼한 남자는 바리새인들을 의미한다. 왜냐하면, 율법에 의하면 남자가 결혼하면 1년간 군대와 공무에서 면제되기 때문이다. 이 사람은 율법을 철저히 지킨 나머지 잔칫집에 가는 것까지 거절하고 있다. '가난한 자들과 몸 불편한 자들과 맹인들과 저는 자들(눅 14:21)' 은 유대인 중에서 소외된 하류층들을, '길과 산울타리 가의 사람들(눅 14:23)' 은 완전히 격리된 이방인들을 가리키고 있다.

현대 시대에서 보면, 밭을 산 사람은 물질과 명예와 권세를 신으로 섬기며 사는 사람들을, 소 다섯 겨리를 산 사람은 자신과 세상의 지혜와 지식을 신으로 섬기며 사는 사람들을, 결혼한 남자는 세상의 쾌락과 향락의 신을 섬기며 살아가는 사람들을 말한다. 또한, 가난한 자들과 몸 불편한 자들과 맹인들과 저는 자들과 길과 산울타리 가의 사람들은 영육 간에 가난함과 약함으로 하나님의 도우심이 절실히 필요한 신자들과 비신자들을 말한다.

잔치 비유에서 주인은 하나님을, 큰 잔치는 천국을 상징한다. 하나님께서는 구약시대에는 율법을 통하여 첫 번째 초청을 하셨고, 신약시대에는 구주이신 예수 그리스도를 통하여 두 번째 초청을 하고 계신다.

첫 번째 초청 때는 많은 사람이 초대되지 않았고, 초대를 거절한 사람들에게 하나님께서는 그렇게 대로하시지 않았다. 그러나 두 번째 초청 때는 이 세상 모든 사람이 초대되었고, 초대 거절은 하나님을 대로하게 하였다. 이에 따라 그들은 사후나 종말적으로 하나님의 진노 심판을 받아 지옥에서 극심한 고통으로 회한과 후회의 눈물을 흘리게 될 것이다(히 9:27).

두 번째 초청을 받아들인 사람들은 하나님의 자녀로 거듭나 영원한 나라의 시민권을 받고, 잠 19:23 "여호와를 경외하는 것은 사람으로 생명에 이르게 하는 것이라 경외하는 자는 족하게 지내고 재앙을 당하지 아니하느니라." 라는 약속의 말씀이 그들의 삶 속에서 실현된다.

눅 14:24 "내가 너희에게 말하노니 전에 청하였던 그 사람들은 하나도 내 잔치를 맛보지 못하리라." 라는 말씀으로 경고하는 것 같이 잔치의 초청은 분명히 시간의 유한성을 가지고 있다. 스포츠 전문가들은 야구는 타이밍 경기라고 분석한다. 투수는 타자의 방망이에 타이밍을 맞추어 주지 않으려고 다양한 구질과 속도, 다른 높이와 위치로 던지고, 타자는 투수의 공에 타이밍을 맞추기 위해 여러 방법을 시도한다.

잔치, 즉 복음 전파에 의한 천국의 초대는 유한성을 가진다. 주인이 정한 시간이 지나면 잔치 집의 문이 닫히는 동시에 심판 집의 문이 열리게 되고, 주인은 그들에게 진노의 심판을 내리게 될 것이다. 그러므로 주인은 눅 14:23 "사람을 강권하여 데려다가 내 집을 채우라." 라고 종들에게 강력하게 명령하고 있다.

a) 평범하게 부르심

모태에서 혹은 기독교계의 미션스쿨(Mission School)을 다니면서 자신도 모르게 자연스럽게 주님을 영접하는 경우를 말한다. 물론 이때 자신은 모르지만, 하나님의 부르심으로 중생과 회심의 역사가 일어나 주님을 구주로 영접한 것이다.

저자는 기독교계의 미션스쿨(Mission School)인 고등학교에 입학하여 주기도문, 사도신경을 외우고 매주 채플 시간에 예배를 드리면서 하나님과 주님을 알고, 자연스럽게 주님을 구주로 고백하며 믿게 되었다.

저자는 대학을 졸업하고 직장 생활초기 결혼한 후부터 매주 교회에 출석하며 신앙생활을 하였지만, 주일날만 신자였다. 그런데 어느 주일 저녁, 집에 담아두었던 앵두 술의 유혹을 이기지 못하고 한 잔 마시고 저녁 예배에 참석하였다. 목사님 설교 도중 쇼크가 일어나 숨을 제대로 쉴 수 없었고, 아내와 급히 서대문에 있는 적십자 병원의 응급실로 가게 되었다. 그러나 응급실 의사는 아무 이상이 없다고 퇴원하라고 하였다. 저자는 안정제 주사를 맞고 곧바로 퇴원하였다.

다음날부터 이유도 없이 '돌'이 들어 있는 것처럼 위가 몹시 무겁고 쓰리고 아파서 견딜 수가 없었다. 저자는 위의 통증을 해소하기 위해 각종 위장약을 사 먹었지만 모두 소용이 없었고, 심지어 심한 변비까지 왔다. 매일 밥도 제대로 먹지 못하고 심한 고통에 시달려야만 했다.

저자는 혹시 큰 병에 걸린 것이 아닌가? 불안하여 백 병원에 가서 내시경 검사를 받았지만, 정상이라는 검사 결과가 나왔다. 이후에도 심한 고통과 두려움으로 인근 작은 병원에 가서 위 조영 촬영을 하였지만, 이상이 없다는 동일한 검사 결과가 나왔다.

일 년 동안 계속적인 위의 통증과 심한 변비로 고통의 날을 보내다가 참을 수 없어 다음 해에 백 병원을 또다시 찾아갔다. 이때 의사 선생님은 작년에 진찰했던 선생님이었고, 의사 선생님의 만류에도 내시경 검사를 다시 받았다. 검사 결과, 특별한 이상이 발견되지 않았지만, 이후에도 위의 심한 통증과 변비는 계속되었다.

저자는 위의 심한 통증과 변비를 해결하는 방법으로 술을 자주 마셨다. 왜냐하면, 술을 마시면, 취해있는 동안 위의 통증이 사라지고 변비도 어느 정도 해소되었기 때문이다.

이런 삶은 약 2년 동안 계속되었고, 아내는 매일 술을 먹고 귀가하며 가끔 부리는 술주정 때문에 고통스러운 날을 보냈다. 견딜 수 없던 아내는 술을 끊든지 아니면 이혼하든지 결단을 내리라고 저자를 압박하였다. 이때 저자도 술 마신 다음 날 알지 못하는 죄의식 때문에 괴로워 더는 이렇게 살아서는 안 되겠다는 생각을 하고 있었다.

주님께서는 때가 되매 저자를 인천의 어느 기도원으로 인도하셨고, 그곳에서 금식하면서 성령 충만은 물론이고 방언의 은사까지 받고 술과 담배를 완전히 끊게 되었다.

저자는 기독교계의 미션스쿨인 고등학교의 교육과 어머니의 영향으로 평범하게 하나님의 부르심을 받아 주님을 구주로 영접하였지만, 후에 심한 질병을 통하여 다시 한 번 하나님을 만나 변화의 삶을 살게 되었다.

b) 기근 혹은 상실의 부르심

출 7:20-12:36에 기록된 10가지 재앙(The Plagues)에 대하여 울프(H. M. Wolf)는 다음과 같이 기술하고 있다.[25)]

> 많은 주석가는 몇 가지 재앙은 특별한 이집트 신들의 무능함을 드러내기 위한 것이었다고 생각한다. 예를 들어, 나일 강의 범람 때문에 이집트에서 농사가 가능했으므로, 나일 강은 호피(Hopi) 신으로 숭배되었다. 가축에게 임한 재앙은 황소 신인 아피스(Apis)와 므네비스(Mnevis), 그리고 수양 신인 크놈(Khnum)을 직접 질책한 것일 수도 있다. 아홉 번째 재앙 때에… 이집트의 주요 신으로 섬김을 받는 태양 신 라(Ra)는 어디에 있었는가? 어떤 신도 모세가 선포한 재앙을 중지시키지 못했다.

해일톤(V. P. Hamilton)은 출 12:12 "애굽의 모든 신을 내가 심판하리라 나는 여호와라."라는 말씀을 들어 첫 번째 재앙은 나일의 여신인 *하피(Hapi)*, 두 번째 재앙은 결실의 여신인 *헤크(Hek)/궤트(qet)*, 네 번째 재앙은 태양의 매일 순환을 상징하는 *케퍼(Kheper)*, 다섯 번째 재앙은 상형

25) H. M. Wolf, *An Introduction to the Old Testament Pentateuch*, 엄성옥 역, 「오경개론」(서울: 은성, 2002), 194-5.

문자로 그려진 많은 이집트의 남녀 신들(*Hathor, Khnum, Amon, Geb, Isis*), 일곱 번째 재앙은 하늘 여신인 *너트(Nut)*, 여덟 번째 재앙은 메뚜기 떼로부터 보호자인 *세라피아(Serapia)*, 아홉 번째 재앙은 태양의 화신이며, 신들의 왕인 *르(Re)*, 열 번째 재앙은 아마도 출산의 여신이고, 후에는 가정 수호신이 된 *타울트(Taurt)*를 가리키는 것이라고 기술한다.

그는 이 재앙을 통한 하나님의 목적은 바로와 그의 백성이 정말로 진실한 하나님에 대한 지식을 습득하게 하는 것이고, 그것들은 소문(Hearsay)이 아니라 대면(Confrontation)과 관찰(Observation)에 기초한 지식이 될 것이라고 기술한다.[26]

구더(P. Gooder)는 애굽인들을 괴롭힌 재앙들을 아래와 같은 표로 정리한다.[27]

이상을 종합해볼 때, 출 7:20-12:36에 기록된 10가지 재앙은 재앙의 성

나일 강에 관련된 재앙들의 **첫 번째 배경**	파리에 의해 가져온 질병인 재앙들의 **두 번째 배경**	대기로부터 온 재앙들의 **세 번째 배경**
첫 번째 재앙: 나일 강의 오염	네 번째 재앙: 파리 떼의 침입	일곱 번째 재앙: 우박(Hailstorm)
두 번째 재앙: 개구리 떼의 침입	다섯 번째 재앙: 가축의 질병	여덟 번째 재앙: 메뚜기 떼의 침입
세 번째 재앙: 이들(Gnats)의 침입	여섯 번째 재앙: 독종(Boils)	아홉 번째 재앙: 흑암이 내려짐
열 번째 재앙: 장자들의 죽음		

격에 따라 3-3-3-1로 분류할 수 있다. 하나님께서 첫 번째 그룹의 재앙 때는 **물의 신**을, 두 번째 그룹의 재앙 때는 **땅의 신**을, 세 번째 그룹의 재앙

26) V. P. Hamilton, *Handbook on The pentateuch* (Grand Rapids: Baker, 2005), 159-60.

27) P. Gooder, *The pentateuch: A Story of Beginnings*, 84.

때는 하늘의 신을, 마지막 재앙 때는 **출산의 여신**(Goddess of Maternity)을 치신 것이다. 애굽인들은 그 당시 물과 땅과 하늘과 출산의 신을 번영과 번성을 주는 신들로 섬기고 있었다.

9가지 재앙(**물 – 땅 – 하늘**)에 대한 바로의 반응을 크게 다섯 가지로 분류할 수 있다.

① 듣지 아니하였다

출 7:22 "그들의 말을 듣지 아니하니.", 8:15 "그들의 말을 듣지 아니하였으니.", 8:19 "그들의 말을 듣지 아니하였으니."

그랜드 종합주석은 애굽의 왕, 바로에 대하여 "그는 매(Hawk)의 신 호루스(Horus)의 화신으로서 사람들 속의 신이요, 신들의 사람으로 여겨졌다, 따라서 그는 신의 대리자로서 강력한 통치력을 발휘하여 질서를 유지할 뿐 아니라 애굽의 백성의 대표자로서 여러 신의 대제사장 역할도 하였다."라고 설명한다.[28)]

그 당시 애굽은 신의 화신인 바로의 강력한 지도력으로 매우 번영된 삶을 살고 있었다. 그런데 바로는 듣지 못하고 알지도 못하였던 하나님의 존재를 모세를 통하여 알게 되었고, 하나님께서 그들의 '물의 신'을 치는 3가지 재앙[나일 강의 오염 – 개구리 떼의 침입 – 이들(Gnats)의 침입]을 겪게 되었다. 바로는 약간 당황했지만, 더욱 완악해져서 하나님의 존재를 거부하고 무시하였다.

현대는 물질문명과 과학이 발달한 시대로 무신론이 득세하는 시대이므로 하나님은 그들에게 불필요한 존재이고 심지어 귀찮은 존재이다. 그들은 하나님의 존재를 접하게 되면, 바로와 동일하게 강력하게 거부할 뿐만 아니라 무시한다.

---

28) 제자원 편집, 「그랜드 종합주석 2: 출애굽기, 레위기」(서울: 성서교재간행사, 1991), 98-9.

② 이 땅에서 섬기라

출 8:25[히브리어 성경인 BHS 출 8:21] "너희는 가서 이 땅에서 너희 하나님께 제사를 드리라." '이 땅에서'는 히브리어로 בָּאָרֶץ(*바아레츠*)이고, בְּ(*베*, 전치사; 안에)+הָ(*하*, 정관사; 그)+ אֶרֶץ(*에레츠*; 땅)가 합성된 것으로 애굽의 땅을 말한다.

애굽의 '땅의 신'을 치는 4번째 재앙인 파리 재앙 때에 연속적인 재앙으로 바로의 마음이 잠시 열려서 "이 땅에서 너희 하나님께 제사를 드리라."라는 타협안을 모세에게 제시하였다. 이것은 애굽의 번영 신과 하나님을 동시에 섬기라는 타협안이지만 하나님께서는 출 20:3-4에서 금하신 우상 숭배이다.

하나님께서 아브람을 믿음의 조상으로 만드시기 위해 제일 먼저 하신 일은 아브람을 우상 숭배의 땅인 '갈대아 우르'를 떠나게 하셨다. 왜냐하면, 아브람이 그 땅에 계속 머물게 되면, 아브람은 평생 하나님과 우상을 동시에 섬기는 죄에서 벗어날 수 없기 때문이다.

현대인들은 배금주의(Mammonism) 세계관 속에서 살고 있으므로 물질의 신인 암몬 신을 자신도 모르게 섬기실 수 있다. 그들은 하나님의 존재를 알고 믿지만, 초기에는 암몬 신을 철저히 버리지 못하고 하나님과 암몬 신을 동시에 섬기는 타협안을 따르게 된다. 그러나 이 타협안의 근저에는 바로 탐심이 있고, 그들은 탐심으로 하나님과 암몬 신을 동시에 섬기는 우상 숭배의 죄를 범한다(골 3:5).

③ 단지 멀리 가지 말라

출 8:28[BHS 출 8:24] "바로가 이르되 내가 너희를 보내리니 너희가 너희의 하나님 여호와께 광야에서 제사를 드릴 것이나 너무 멀리 가지는 말라 그런즉 너희는 나를 위하여 간구하라."

모세가 바로의 제안(출 8:25 "이 땅에서 너희 하나님께 제사를 드리라.")을 거절하자 바로는 파리 재앙이 무서웠기 때문에 조건이 붙은 타협안을 다시 제시하며 자신을 위해 기도해달라고 요청하였다.

조건은 "단지 멀리 가지 말라."라는 것으로 어떻게 보면 받아들이기에 어렵지 않고 진전된 제안으로 보이지만, 바로의 치밀한 전략에서 나온 제안이다. 왜냐하면, 이스라엘 백성이 멀리 가지 않으면, 바로는 자신의 막강한 군대를 보내어 이스라엘 백성을 짧은 시간 내에 잡아 올 수 있기 때문이다.

바로의 진전된 제안은 현대의 득세하는 사조인 **다원주의(Pluralism)의 종교관**이라고 말할 수 있다. "모든 종교는 초월적인 신에게 이르는 다른 길에 불과하고, 모두 구원이 있으며 하나의 종교로 말할 수 있다."라는 다원주의 구원론에서 보면, 세계의 모든 종교는 구원이 있고, 구원의 다른 통로에 불과하다. 이것은 예수 그리스도를 통해서만 구원을 받을 수 있다는 그리스도의 구원론을 거부하고 하나님만이 참 신이라는 유일신(One; 신 6:4)의 신관을 부인하는 무서운 죄(Sin)이다.

④ 남자들만 가라

출 10:11 "그렇게 하지 말고 너희 장정만 가서 여호와를 섬기라 이것이 너희가 구하는 바니라."

바로는 '하늘 신'을 치는 8번째 재앙인 메뚜기 재앙 때 모세에게 이 제안을 제시하였다. 이것은 세 번째 더 후퇴한 것으로 바로의 치밀한 두 가지 전략 아래에 나왔다. 첫째, 남자들은 아이들과 여자들만 두고 가지 않을 것이다. 둘째, 남자들이 가더라도 아이들과 여자들 때문에 다시 돌아올 수밖에 없을 것이다. 바로의 전략은 적중하여 이스라엘 백성은 가지 않았다.

현대에, 사람들이 생계 때문에 혹은 가족 때문에 하나님을 믿는 것을 보류하거나 거부하는 경우를 볼 수 있다. 어떤 사람들은 자신들의 아이들이 성인이 되고 생활이 안정되면 하나님을 열심히 믿겠다고 말하고, 어떤 사람들은 제사 때문에 혹은 부모님의 종교 때문에 하나님을 믿는 것을 지연하거나 거부한다.

⑤ 양과 소는 두고 가라

출 10:24 "너희는 가서 여호와를 섬기되 너희의 양과 소는 머물러 두고 너희 어린 것들은 너희와 함께 갈지니라."

이것은 9번째 재앙인 흑암 재앙 때, 바로가 두 가지를 고려하여 제시한 제안이다. 첫째, 출 10:25 "모세가 이르되 왕이라도 우리 하나님 여호와께 드릴 제사와 번제물을 우리에게 주어야 하겠고." 양과 소는 하나님께 제사를 드리기 위해서는 절대적으로 필요한 제물이므로 양과 소가 없으면 이스라엘 백성이 갈 수 없을 것이다. 둘째, 출 10:26 "우리의 가축도 우리와 함께 가고 한 마리도 남길 수 없으니." 광야에서 가축은 이스라엘 백성에게 중요한 식량을 제공함으로 가축이 없이는 이스라엘 백성은 가지 않을 것이다.

현대에, 사람들이 헌금 때문에 교회에 다니는 것을 거부하는 것을 볼 수 있다. 그들은 육신의 건강을 위해 병원에 가서는 몇 배의 돈을 아낌없이 투자하지만, 교회에서는 몇천 원이 아까워 헌금할 수 없다. 이것은 하나님의 자녀가 되는 것을 방해하는 마귀의 가장 오래된 무기인 동시에 최신 무기이며 효능이 뛰어난 무기이다.

이상의 9가지 재앙을 크게 하나로 종합한다면, 다른 의견이 있을 수 있지만, 하나님께서 부르심의 한 방법으로 사용하고 계시는 물질의 기근 혹은 상실이라고 말할 수 있다. 왜냐하면, 현대에도 하나님께서 이 방법을 사용하시어 수많은 사람을 부르시고, 그들이 주님을 영접할 때 하나님의 자녀가 되는 축복을 주시고 계시기 때문이다.

2004년도에, 연세대학교 문헌정보과 3학년이고, 중국에서 유학 온 모배권은 물질의 기근에서 주님을 영접한 경우이다. 그는 2001년 2월 9일 중국의 산동성에서 서울로 유학을 왔다. 그의 아버지는 한국 돈으로 20만 원도 안 되는 월급을 받는 초등학교 선생님이었다. 중국에서 기본적인 생활을 할 수 있는 수준으로 그는 밤에는 아르바이트로 학비와 생활비를 벌고, 낮에는 학교에 다니는 고단한 생활을 해야만 했다. 그는 점점 지치게 되었고, 급기

야는 한국 생활과 인생의 방향에 대해 의심하고 방황하였다. 하나님의 기적은 바로 그때 찾아왔다. 그것은 '성서와 기독교' 수업을 통해서였다. 학생들은 찬양을 불렀고 그도 함께 찬양을 부르는 도중에 눈물을 흘리며 위안을 받았다.

그는 '성서와 기독교 수업'의 교수가 자신을 위해 눈물로 기도하는 모습을 보고 크게 충격을 받았다. 왜냐하면, 이 세상에서 자신을 위해 울어준 사람은 어머니밖에 없었기 때문이다. 그는 어머니의 얼굴이 떠올라 교수와 함께 울게 되었다. 바로 그 순간에 그는 예수님이 왜 자신을 위해 십자가에 못 박혀 죽었는지 깨닫게 되는 놀라운 체험을 하였다. 그가 처음 배운 성경구절은 고후 5:17 "그런즉 누구든지 그리스도 안에 있으면 새로운 피조물이라 이전 것은 지나갔으니 보라 새 것이 되었도다."였다. 그는 다음과 같이 고백하였다. "그때는 이해하기 어려웠지만 지금 생각해보니 예수님께서 죄가 없는 하나님의 아들로서 나를 사랑하시기 때문에 나대신 십자가에 못 박히신 것을 알려주는 구절이었다."[29)]

c) 질병의 부르심

출 12:29-30 "밤중에 여호와께서… 처음 난 것을 다 치시매… 그 나라에 죽임을 당하지 아니한 집이 하나도 없었음이었더라."라는 말씀은 10가지 재앙 중 마지막 재앙을 말한다.

하나님께서 그 밤에 바로와 애굽 백성의 장자, 심지어 옥에 갇힌 자의 장자와 가축의 처음 난 것까지 다 죽이시므로 애굽의 온 나라가 큰 호곡으로 가득하였고, 바로는 더는 버틸 수가 없어 9가지 재앙과는 전혀 다른 반응을 하였다.

바로는 출 12:31-33 "밤에 바로가 모세와 아론을 불러서… 내 백성 가운데에서 떠나라… 그 땅에서 속히 내보내려 하므로."라는 말씀과 같이 너

---

29) 김정주 편저, 「*Arise, Shine* 일어나 빛을 발하라」 (서울: Korea.Com, 2008), 15-23.

무도 급하여 밤에 모세와 아론을 불러 이스라엘 백성을 모두 깨워 모든 것을 가지고 빨리 떠날 것을 재촉하였다. 애굽의 백성도 어떻게든지 이스라엘 백성을 자신들의 땅에서 빨리 쫓아내려고 이스라엘사람들이 요구하는 모든 것을 주고 재촉하였다. 이스라엘 백성은 출 12:34 "그 백성이 발교되지 못한 반죽 담은 그릇을 옷에 싸서 어깨에 메니라."라는 말씀처럼 반죽을 따로 포장하지 못하고 그릇째 들고 떠나오게 되었다.

이것은 심각한 질병을 의미한다. 하나님께서는 자주 부르심의 최후 수단으로 질병을 사용하신다. 대부분의 사람은 심각한 질병이 오면 완전히 항복하고 주님을 찾는다.

약 2년 전 86세의 나이로 소천하신 저자의 어머니 김삼순 권사는 중년에 심각한 질병으로 주님을 영접하셨다. 저자의 어린 시절을 회상해보면, 집에서 때때로 굿을 하고 어머니는 자주 절에 가시지 않았지만, 가족의 이름으로 절에 '등' 을 걸고 무병장수와 축복을 기원할 정도로 독실한 불교 신자였다.

저자의 초등학교 시절 어머니는 심한 위장병으로 고생하셨다. 어머니는 위에 효용이 있는 모든 약을 다 복용하셨지만, 전혀 효과가 없어 절망의 날을 보냈다. 그러므로 때때로 굿을 하기도 하고 독실한 불교 신자가 되었는지 모르지만, 이것은 하나님의 부르심이었다.

어느 날 새벽 어머니는 교회 종소리에 눈을 뜨셨고, 누나에게 새벽기도에 데려가 달라고 요청하셨다. 왜냐하면, 그 당시 어머니 마음에 교회가 가면 자신의 위장병이 치료될 것이라는 생각이 자주 들었기 때문이다. 그날부터 어머니는 교회에 열심히 다니셨고, 위장병도 완전히 치료받게 되었다.

어머니는 소천하실 때까지 기도의 삶을 사셨다. 어머니는 매일 새벽에 교회가 가셔서 기도하셨다. 자식들은 물론이요 며느리들과 사위들까지 모두 주님을 영접하고, 집사 이상의 직분으로 교회를 섬기고 있다.

2) 사명의 부르심(일명: 소명)

하나님께서 아브람에게 지시할 땅으로 가라는 명령은 단순한 명령이 아니라 믿음의 조상이 되기 위한 사명의 부르심이다. 이것은 창 12:2 "내가 너로 큰 민족을 이루고 네게 복을 주어 네 이름을 창대하게 하리니 너는 복이 될지라."라는 말씀에서 분명하게 알 수 있다. 하나님께서는 아브람에게 복의 근원, 즉 믿음의 조상이 되는 사명을 주셨다. 아브람은 하나님이 주신 사명을 위해 안정된 생활 터전과 가족과 친지를 단호하게 버리고 불확실의 땅인 가나안으로 이주해야만 했다.

아브람이 하란을 떠나 가나안 땅에 도착하는 과정은 창세기에서 생략되어 있다. 다만, 창 12:4와 12:5의 두 기록을 통하여 하란을 떠날 때 아브람의 나이 75세로 조카 롯도 함께 갔다는 기사와 아브람은 아내 사래와 조카 롯과 하란에서 모은 모든 소유와 얻은 사람들을 이끌고 가나안 땅에 도착하였다는 짧은 보도로 대신하고 있다.

성경은 하나님의 사람들이 하나님의 말씀을 순종하는 과정에서, 필연적으로 뒤따르게 되는 어려움과 갈등을 자주 생략한다. 그러나 아브람은 약 480km 긴 거리를 가는 동안에 수많은 갈등과 회의와 어려움에 직면하였고, 가끔은 여행을 중단하기도 하였을 것이다. 그럴 때마다 아브람을 일으킨 것은 창 12:2-3에서 하나님께서 아브람에게 주신 분명한 사명이다. 마침내 아브람은 모든 어려움과 갈등과 회의를 이기고 가나안 땅에 도착하여 세겜 땅, 모레 상수리나무에 이르렀다(창 12:6). 이때 여호와께서 나타나시어 창 12:7 "내가 이 땅을 네 자손에게 주리라."라고 아브람에게 약속을 다시 반복하심으로 아브람의 사명을 각인시켜 주셨다.

저자는 앞에서 언급한 것처럼 기도원에서 성령 충만을 체험한 것이 32세 때였다. 그 후 하나님께서 직장 신우회를 조직하게 하셨고, 신우회장으로 열심히 봉사하게 하셨다. 이런 과정에서 CBS 방송의 '새롭게 하소서'에 신우회원들과 함께 출연하기도 하였다.

저자가 36세로 기아그룹의 계열사인 기아특수강(저자가 근무할 때는 대한중기 주식회사)의 자재 관리과장으로 근무하고 있던 어느 날 오후 신학공부를 하여 목사가 되라는 하나님의 감동이 마음에 왔다.

저자는 3년 동안 심한 갈등과 회의로 시달렸고, 새벽기도에서, 퇴근 후 골방기도에서 하나님께 매일 여쭈어 보았다. 그럴 때마다 마음에 주시는 하나님의 응답은 동일하였다. "가라."

저자는 어느 날 퇴근 후 마지막으로 하나님께 기도로 여쭈어 보았다. 하나님께서 "너의 마음에 계속적인 소원이 있지."라고 질문하셨고, "네 있습니다."라고 대답하자, 하나님께서 "내가 준 소원이기 때문에 계속된단다." 라고 말씀하셨다. "네가 그 일을 생각할 때마다 기쁨이 있지?"라고 또 질문하셨고, "네 기쁨이 있습니다."라고 대답하자, 하나님께서 "그 기쁨은 내가 준 것이다."라고 말씀하셨다.

저자는 39세인 해 봄 회사를 사직하고 신학원 대학부 3학년에 편입하였다. 졸업 후 잠시 다른 일을 하기도 하였지만, 하나님의 명령으로 신학대학원에 다시 입학하여 신학 공부를 하였다. 이후 박사 과정에 입학하여 구약신학으로 박사 학위(Ph.D.)를 취득하였고, 박사 학위를 취득한 신학대학교의 대학부에서 모세 오경을 2년에 걸쳐 강의하기도 하였다. 현재는 국제신학대학원대학교 사회교육원 구약신학 교수로 재직하고 있다.

<네 인생을 주님께 걸어라>의 저자인 최하진 선교사는 하나님께서 주신 자신의 사명을 분명하게 깨달았다. 그는 카이스트(KAIST) 박사로서 스탠포드대학교 박사 후(post-doctor) 과정과 스탠포드대학교 연구원 자리까지 버리고 중국으로 건너가 현재 하나님의 도우심으로 청소년 구원 사역을 성공적으로 감당하고 있다.[30)]

30) 최하진,「네 인생을 주님께 걸어라」(서울: 규장, 2008), 12-40.

B. 제2시험: 기근의 시험(창 12:6-20)

아브람이 아내 사래와 조카 롯과 하란에서 모은 소유와 종들을 이끌고 가나안 땅에 도착하여 가나안의 세겜 땅에 정착하였고, 이후 목초지를 찾아 이동하다가 좋은 목장 지대인 네게브(Negeb) 지방으로 옮기게 되었다(창 12:5-9).

아브람은 거주하는 가나안 땅에 기근이 들어 애굽으로 피신하였지만, 심각한 문제에 봉착하였다. 아브람은 창 12:12 "애굽 사람이 그대를 볼 때에 이르기를 이는 그의 아내라 하여 나는 죽이고 그대는 살리리니."라는 자신의 말과 같이 아리따운 남의 아내를 차지하기 위해 그녀의 남편을 살해하는 애굽의 관습을 알게 되었다.

60세가량이 된 사래가 그렇게 미모를 유지할 수 있었던 비결에 대해서 여러 가설이 있지만, 김서택은 세 가지 가설을 든다. ① 아이를 낳지 않았기 때문에 젊게 보인다. ② 하나님의 은혜가 사래를 늙지 않게 지켜주신 것이다. ③ 애굽인의 피부는 까무잡잡하지만, 사래는 셈족이므로 피부가 희어 상대적으로 젊게 보인다.[31)]

아브람은 큰 두려움으로 떨게 되었다. 사래는 자신의 부인인 동시에 혈연관계에서 볼 때 이복동생이었다. 아브람은 하나님께 거짓말하지 않고도 애굽 사람들의 눈을 피하는 방법으로 사래를 누이라고 소개하기로 계획하고, 창 12:13 "그대는 나의 누이라 하라 그러면 내가 그대로 말미암아 안전하고 내 목숨이 그대로 말미암아 보존되리라 하니라."라고 사래에게 제

31) 김서택, 「약속의 땅에도 기근은 오는가」 (서울: 홍성사, 2009), 45.

안하였다. 사래도 이 제안을 자신들의 목숨을 보전할 수 있는 그들의 차선책(Their Second Best)으로 간주하고 동조하였다.

아브람이 일행이 애굽에 이르자 사래의 미모는 애굽 사람들에게 금방 눈에 띄었고, 바로의 대신들도 사래의 미모에 반하였다. 그들은 자신들의 왕인 바로에게 사래를 소개하였고, 바로는 사래를 후궁으로 맞이하였다. 바로는 이에 대한 대가로 아브람에게 양과 소와 노비와 암수 나귀와 낙타를 주었다.

하나님께서 바로가 사래를 후궁으로 삼은 일 때문에 바로의 집에 큰 재앙을 내리심으로 바로에게 이 일을 깨닫게 하셨다. 바로는 아브람을 불러 창 12:18 "네가 어찌하여 나에게 이렇게 행하였느냐 네가 어찌하여 그를 네 아내라고 내게 말하지 아니하였느냐."라고 책망하며 "이제 데려가라."라고 명령하였다. 바로가 자신의 부하들에게 아브람과 그의 아내와 그의 일행을 안전하게 보내줄 것을 명령함으로 아브람과 사래와 그 일행들은 많은 재물을 가지고 돌아왔다.

1) 두 가지 실수

a) 애굽에 내려감

이것은 기근 때문에 옛 생활로 돌아간 것을 의미한다.

창 26:1 "아브라함 때에 첫 흉년이 들었더니 그 땅에 또 흉년이 들매." 라는 말씀처럼 이삭은 자신의 아버지 아브람과 동일하게 기근을 만나게 되었다. 그러나 아버지 아브람에게 없었던 창 26:2 "여호와께서 이삭에게 나타나 이르시되 애굽으로 내려가지 말고 내가 네게 지시하는 땅에 거하라." 라는 하나님의 지시가 있었다. 여호와께서는 이삭에게 애굽에 내려가지 말고, 지시하는 땅에 거하라고 명령하셨다.

이삭은 하나님의 명령에 순종하여 지시한 땅에 거하면서 아버지 아브람과 다른 방법으로 기근을 해결하였다. 이삭은 창 26:12-13 "이삭이 그 땅에서 농사하여 그 해에 백배나 얻었고 여호와께서 복을 주시므로 그 사람이 창대하고 왕성하여 마침내 거부가 되어." 라는 말씀과 같이 그해 농사를 지어 백배의 결실을 얻어 기근을 해결했을 뿐만 아니라 이삭은 하나님의 복을 받아 거부가 되었다.

현대에도 기근으로 신자가 옛 생활로 돌아가는 일이 계속 일어나고 있다. 김서택은 자신의 책에서 이에 대한 좋은 예화를 들고 있다.

> 술집에서 바텐더를 하다가 예수를 믿고 직업을 버린 형제가 있었습니다. 그런데 막상 그렇게 하고 나니까 먹고 살길이 없습니다. 그래서 하나님께 기도합니다. "하나님 용서하십시오. 제가 잠깐만 옛날 직업으로 다시 돌아가겠습니다. 일단 살아야 하지 않겠습니까?" 또 호스티스로 일하던 어떤 자매가 그 직업을 버리고 예수를 믿었는데, 예수 믿고 나니까 취직이 안 됩니다. 그래서 기도합니다. "하나님이 잠깐만 그 일을 하다가 오겠습니다. 흉년이 왔거든요. 아무리 믿음을 가졌어도 먹고 살아야 하지 않겠어요? 목구멍이 포도청인데요."
> 예수를 믿고 하나님을 분명히 아는 사람도 현실이 너무도 어려울 때는 옛날 앨범을 다시 꺼내들면서 예전에 포기했던 그 생활을 그리워하고 그 생활로 돌아가려는 마음이 생깁니다. 해먹고 살았던 일이 그것이고 그 일밖에는 할 수 있는 것이 없으니까요. 그래서 다시 그 길로 돌아갑니다.[32]

주님은 신자가 기근으로 옛 생활로 돌아가지 말 것은 물론이고, 이것을 넘어 한 단계 차원 높은 삶을 살기를 원하신다. 그러므로 주님은 마 6:25 "그러므로 내가 너희에게 이르노니 목숨을 위하여 무엇을 먹을까 무엇을 마실까 … 몸이 의복보다 중하지 아니하냐.", 마 6:33 "너희는 먼저 그의

32) 김서택, 「약속의 땅에도 기근은 오는가」, 42-3.

나라와 그의 의를 구하라." 라고 당신의 자녀에게 명령하시고 계신다.

b) 거짓말

이것은 아담부터 시작되어 가인에게 계승되고, 현재도 계속되고 있다.

아담은 뱀의 유혹을 받아 선악과를 먼저 따 먹은 하와가 준 선악과를 먹고, 그날 하나님의 소리를 듣고 무서워 동산 나무 사이에 숨었다. 하나님께서는 일의 모든 내막과 아담이 어디 있는지를 아시면서도 "네가 어디 있느냐." 라고 질문하셨다. 이것은 하나님께서 아담이 회개하고 나올 기회를 주시기 위한 하나님의 질문이었다. 만약 아담과 하와가 회개하고 나왔다면, 생명나무를 먹었기 때문에 인류는 에덴동산에서 쫓겨나겠지만, 지금과는 다른 삶을 살았을 것이다.

아담은 하나님의 기대와 달리 창 3:10 "내가 벗었으므로 두려워하여 숨었나이다." 라고 자신의 죄를 철저히 숨기고 단순히 벗었기 때문에 두려워 숨었다는 어설픈 거짓말을 하였다. 하나님께서는 아담이 벗음을 두려워하게 된 것은 선악과를 따 먹는 불순종의 결과라는 것을 아담에게 인식시켜 주심으로 회개의 기회를 주시기 위해 창 3:11 "누가 너의 벗었음을 네게 알렸느냐 내가 네게 먹지 말라 명한 그 나무 열매를 네가 먹었느냐." 라고 또다시 질문하셨다.

아담은 하나님의 기대와 달리 창 3:12 "하나님이 주셔서 나와 함께하게 하신 여자 그가 그 나무 열매를 내게 주므로 내가 먹었나이다." 라고 여자와 여자를 창조하여 주신 하나님께 그 책임을 전가하였고, 이것을 학습한 하와도 아담과 동일하게 창 3:13 "여자가 이르되 뱀이 나를 꾀므로 내가 먹었나이다." 라고 뱀에게 그 책임을 전가하였다. 이것은 악의적인 거짓말인 동시에 원망이다.

아담과 하와에게는 두 아들, 가인과 아벨이 있었다. 가인은 농사꾼이고 아벨은 양을 치는 자이다. 가인은 땅의 소산으로, 아벨은 양의 첫 새끼와 그 기름으로 하나님께 제사를 드렸다. 하나님께서는 가인의 제사는 받지 않으시고 아벨의 제사는 받으셨다.

구약성경은 이것에 대한 분명한 이유를 밝히지 않고 있지만, 신약성경은 히 11:4 "믿음으로 아벨은 가인보다 더 나은 제사를 하나님께 드림으로 의로운 자라 하시는 증거를 얻었으니."라고 아벨은 믿음으로 하나님께 제사를 드림으로 하나님께서 받으셨다고 말한다.

가인의 제사는 거부되고 아벨의 제사가 수납되자, 창 4:5 "가인이 심히 분하여 안색이 변하니."라는 말씀처럼 가인의 질투심은 활활 타오게 되었다. 하나님께서는 가인의 이런 질투심을 보시고 창 4:7 "죄가 너를 원하니 너는 죄를 다스릴지라."라고 경고하셨다. 가인은 하나님의 경고를 무시하고 질투심에 불을 더욱 붙이므로 증오심을 낳았고, 증오심은 가인을 아우 아벨을 죽인 최초 살인자가 되게 하였다. 이것은 약 1:15 "욕심이 잉태한즉 죄를 낳고 죄가 장성한즉 사망을 낳느니라."라는 죄의 악순환 법칙에 따라 발생한 것이다.

가인이 아벨을 죽인 후 하나님께서는 아담에게 질문하신 것같이 동일하게 가인에게 창 4:9 상반 절 "네 아우 아벨이 어디 있느냐?"라고 질문하셨다. 하나님께서 일의 경위를 다 알고 계시면서도 이 질문을 하시는 것은 가인에게 회개의 기회를 주시기 위한 것이었다.

가인은 하나님의 기대를 완전히 저버리고 "내가 알지 못하나이다."라고 악의적인 거짓말을 하였고, 창 4:9 하반 절 "내가 내 아우를 지키는 자니이까?"라고 이 모든 일은 하나님으로부터 비롯된 것이라는 원망과 불평을 하였다.

이삭은 창 26:1에서 보는 것처럼 아버지인 아브람과 동일하게 기근을 만났다. 그는 하나님의 명령에 순종하여 아버지와 달리 애굽에 가지 않고 가나안 땅인 그랄에 거하게 되었지만, 창 26:7 "그곳 사람들이 그 아내를 물으매 그가 말하기를 그는 내 누이라 하였으니 리브가는 보기에 아리따우므로 그곳 백성이 리브가로 말미암아 자기를 죽일까 하여 그는 내 아내라 하기를 두려워함이었더라."라는 말씀과 같이 이삭은 애굽에서 아버지 아브람처럼 그랄 사람들은 아리따운 자신의 아내 리브가를 취하기 위해 자신을 죽일 것이라는 두려움을 갖고 너무도 두려운 나머지 아내와 공모하여 차선책인 누이 관계로 변장하였다.

이 공모는 오래가지 못하고, 아비멜렉이 둘이 껴안고 있는 모습을 본 순간에 발각되었다. 아비멜렉은 창 26:10 "백성 중에 하나가 네 아내와 동침할 뻔하였도다 네가 죄를 우리에게 입혔으리라." 라고 심하게 이삭을 책망하였다.

아비멜렉의 말에는 중요한 암시가 있다. 애굽 사람들의 풍습과는 달리 그랄 사람들은 남의 아내를 취하는 것을 큰 범죄로 여기고 있었다. 그런데 이삭은 아버지에게 교육받은 학습 결과로 그랄 사람들의 풍습을 오해하게 되었다. 아비멜렉은 창 26:11 "이 사람이나 그 아내에게 범하는 자는 죽이리라." 라고 모든 백성에게 명령을 내리고, 이삭과 리브가는 안전한 삶을 살게 되었다.

거짓말은 아담으로부터 시작하여 가인과 이삭에게 계승되었음을 알 수 있다.

2) 기근의 이유

하나님의 말씀을 순종하는 길목에서 왜 기근을 만나게 될까? 참으로 고통스러운 일이며 인간의 이성으로 완전하게 설명하기에는 어려운 일이다. 그러나 성경에 근거하면 설명이 전혀 불가능한 일도 아니다. 왜냐하면, 성경은 기근을 주신 이유를 기록하고 있기 때문이다.

a) 참 신, 하나님

인간의 이성으로 볼 때, 하나님께서는 당신의 뜻에 순종하는 자에게 당연히 평탄한 길을 주실 것으로 생각한다. 그러나 성경에서 하나님의 백성이 하나님의 말씀을 순종하는 길에서 어려움을 만나는 것을 자주 볼 수 있다.

이스라엘 백성이 애굽을 탈출하여 처음 만난 것은 출 14장에 기록되어 있는 것처럼 홍해 바다이고, 더욱 심각한 것은 애굽의 왕 바로가 마음이 변하여 군대를 보내어 이스라엘 백성을 뒤쫓아 왔다. 이스라엘 백성은 뒤에는 애굽의 군대가, 앞에는 홍해 바다가 가로막고 있는 절체절명의 순간에 처하게 되었다. 이스라엘 백성은 출 14:11 "모세에게 이르되 애굽에 매장지가 없어서 당신이 우리를 이끌어내어 이 광야에서 죽게 하느냐." 라고 모세에게 원망과 불평과 절망의 절규를 하였다.

모세가 부르짖어 기도하자 하나님께서는 모세에게 이스라엘 자손을 앞으로 나가게 하고 지팡이를 들고 손을 바다 위로 내밀어 바다를 갈라지게 하라고 명령하셨다. 모세가 하나님의 말씀에 순종하여 손을 내밀자 홍해 바다가 갈라지고 단단한 땅이 나타나 이스라엘 백성은 안전하게 홍해 바다를 모두 건너게 되었다.

하나님께서 시간적인 여유를 두고 애굽의 군대가 뒤쫓게 하심으로 이스라엘 백성이 모두 홍해 바다를 건널 즈음에 애굽의 군대는 홍해 바다 한가운데 있었다. 모세가 하나님의 명령에 순종하여 손을 내밀자 물이 다시 흐르게 되므로 애굽의 군대는 물 가운데 완전히 전멸하여 이후에는 이스라엘 백성을 쫓아오지 못하게 되었다.

이 기적을 체험한 모세와 이스라엘 백성은 출 15:2 "여호와는 나의 힘이요 노래시며 나의 구원이시로다 그는 나의 하나님이시니 내가 그를 찬송할 것이요 내 아버지의 하나님이시니 내가 그를 높이리로다." 라고 찬양하며 하나님만이 참 신임을 고백하였다.

이스라엘 백성은 출애굽 사건을 통하여 참 신이신 하나님의 중요한 세 가지 속성을 체험하였음을 알 수 있다.

① 나의 힘

'힘' 은 히브리어로 עֹז(*오즈*)이고, 이것은 동사 עָזַז(*아자즈*)에서 유래한 명사이다. עָזַז(*아자즈*)는 '강하게 하다, 튼튼하게 하다' 는 뜻이 있다. 이것은 두 가지 의미가 있다. 하나는 하나님께서 전능하신 힘을 소유하고 계신다. 다른 하나는 하나님께서 강하고 튼튼한 당신의 자녀가 될 수 있도록 당신의 자녀에게 힘을 공급해주신다.

인간은 이 세상을 살아가는데 육신의 힘과 정신의 힘, 둘 다 필요하다. 육신의 힘이 강한 사람은 어떤 어려움도 능히 대처하며 진취적으로 삶을 살아갈 수 있다. 그러나 육신의 힘은 정신의 힘이 뒷받침하지 않으면 그 힘을 계속 유지할 수 없다. 왜냐하면, 육신의 힘이 아무리 건강해도 정신의 힘이 허약해지면 육신의 힘도 점점 허약해지기 때문이다.

정신의 힘이 강한 사람은 어떤 어려움과 난관도 뚫고 나아갈 수 있다. 그러나 육신의 힘이 뒷받침하지 않으면 그 능력을 잃게 된다. 왜냐하면, 육체가 병들어 육신의 힘이 허약해지면, 정신의 힘도 쇠약해지기 때문이다. 영어에 "건전한 육체에 건전한 정신이 깃든다(A Sound Mind in A Sound Body)."라는 유명한 말이 있다. 이것은 건강한 정신의 힘은 건강한 육신의 힘이 뒷받침할 때 그 힘을 발휘할 수 있음을 말하고 있다.

인간이 생존하기 위해서는 육신의 힘과 정신의 힘 모두 필요하고, 두 힘이 건강하고 강건해야 한다. 그래야만 인간은 힘 있고 능력 있는 삶을 살아갈 수 있다.

하나님께서는 이스라엘 백성에게 두 힘 모두를 공급해주셨다.

먼저, 하나님께서는 이스라엘 백성이 육신의 힘을 강건하게 유지할 수 있도록 그들에게 매일 만나를 공급해주셨다. 그들은 하나님께서 매일 내려주시는 양식을 통하여 광야 길을 가는 데 필요한 영양분을 충분히 공급받아 건강을 유지할 수 있었다.

이스라엘 백성은 하나님께서 안식일을 제외하고 매일 내려주시는 만나를 거두어들이기 위해 새벽에 일어나 진 밖으로 걸어나가면서 신선한 공기를 마시며 걷기 운동을 하였다. 걷기 운동은 하나님께서 이스라엘 백성에게 주신 최상의 운동 방법이었다. 이것은 현대에 주목받는 걷기 운동의 효시가 되었다. 현대인들은 "걷기 운동은 신이 인간에게 내려주신 가장 좋은 운동이다."라고 말하고 있다. 또한, 이스라엘 백성은 만나를 거두어들이면서 허리 운동과 전신 운동으로 육체를 단련하였다. 이것은 현대인의 건강 체조이다.

다음으로, 하나님께서는 이스라엘 백성에게 정신의 힘, 즉 신앙의 힘을 공급해주셨다. 하나님께서는 자신의 임재의 확실한 징표로 신앙의 힘을 공급하시기로 계획하시고, 징표로 '구름기둥과 불기둥'을 선택하셨다. 하나님께서는 이스라엘 백성이 길을 몰라 방황할 때마다 이 징표를 사용하시어 그들의 길을 인도해주시고, 끝없는 사막 길로 말미암아 절망할 때마다 이 징표를 사용하시어 당신의 임재를 알려주심으로 소망을 주셨다.

이스라엘 백성이 40년 광야 길에서 버틸 수 있었던 것은 이처럼 하나님께서 그들에게 육신의 힘과 정신의 힘, 즉 신앙의 힘을 주셨기 때문이다.

② 나의 노래

'노래'는 히브리어로 זִמְרָת(*지므라트*)이고, 이것은 '찬양'이라고 번역할 수 있다. 야웨는 찬양받으시기 합당하신 분이다. 야웨는 세상을 통치하시는 사랑의 하나님이시다. 그분은 당신의 백성을 사랑하신다. 그분은 독생자 예수님을 통해 자녀의 죗값을 대속하셨다. 그분은 자녀가 회개하면, 그들의 죄를 용서해줄 뿐만 아니라 그들의 삶을 보살펴주신다. 그분은 자녀가 아프면 잠 못 이루고 간호하는 육신의 부모처럼 우리의 질병을 가슴 아파하시며 치료해주시는 아버지이시다. 그분은 우리의 사소한 일도 무시하지 않으시고 해결해주시는 아버지이시다.

저자는 외롭고 절망스런 마음이 올 때마다 자주 찬송가 370(구 455)장 [주 안에 있는 나에게], 특히 2절 "그 두려움이 변하여 내 기도되었고 전날의 한숨이 변하여 내 노래가 되었네."를 반복하여 찬송한다. 왜냐하면, 하나님을 의지하면서 이 찬양을 부를 때마다, 두려움이 변하여 기도되고 한숨이 변하여 찬양을 부를 수 있는 주님의 위로와 평안함이 임하기 때문이다.

이것은 시 23:4 "내가 사망의 음침한 골짜기로 다닐지라도 해를 두려워하지 않을 것은 주께서 나와 함께 하심이라 주의 지팡이와 막대기가 나를 안위하시나이다."라는 다윗의 고백과도 일치한다. 이 고백은 다윗 신앙의 진수를 보여준다. 지팡이와 막대기는 하나님의 임재와 보호하심의 증표이다. 다윗이 절망의 밤에 하나님께 간절히 기도할 때마다, 하나님께서는 지팡이와 막대기, 즉 당신의 전능하신 능력으로 다윗을 그 위험으로부터 구원해주셨을 뿐만 아니라, 다윗의 마음에 불안과 절망을 주는 악한 영을 몰아내시고 당신의 위로와 평안을 주심으로 다윗은 하나님을 찬양하게 되었다.

하나님을 찬양하는 것은 바로 하나님을 의지하는 것이다. 하나님을 찬양하는 것은 하나님의 응답을 이미 받았다는 감사의 표시이다. 하나님을 찬양하는 것은 시공간을 초월하여 계시는 전능하신 하나님의 능력과 위로와 평안 속에 있다는 고백이다. 하나님께서는 우리에게 두려움이 변하여 기도되게 하시고 한숨이 변하여 노래가 되게 하신다.

③ 나의 구원

'구원' 은 히브리어로 יְשׁוּעָה(*예슈아*)이고, '구원, 도움, 해방, 번성, 구출' 등의 의미로 구약성경에서 사용되고 있다. 이것은 하나님께서 당신의 백성을 שָׁלוֹם(*샬롬*)의 상태로 항상 인도해주시는 것을 의미한다. 샬롬의 상태란 하나님과 이웃과 자신과 환경, 이 중 어느 관계에서도 막힘이 없이 형통함과 평화와 번영 속에 있는 전인적인 평강 상태를 말한다.

출 15:3 "여호와는 용사시니 여호와는 그의 이름이시다." 야웨는 당신의 백성을 모든 문제로부터 능히 구해내시는 용사이시다. 그분의 이름은 יהוה(*야웨*)이시다. 다일니스(W. Dyrness)는 브리젠(Vriezen)의 주장에 동조하여 יהוה(*야웨*)를 "나는 거기에 있을 것이다(I Will be there). 혹은 나는 너를 위하여 여기 있다(I am here for you)." 라고 번역한다.[33] 119 대원들은 인명을 구하기 위해서는 여러 가지 장비를 갖추고 사고 현장으로 신속하게 출동해야 한다. 그러나 하나님께서는 당신의 백성을 구원하시기

33) William Dyrness, *Themes in Old Testament Theology* (Downers Grove: Intervarsity, 1977), 31.

위해 장비와 출동할 필요가 없으시다. 왜냐하면, 그분은 당신의 백성을 위하여 어느 때나 어느 곳에서나 항상 당신의 백성과 함께 계시는 전능하신 용사이시기 때문이다.

하나님께서는 다니엘의 셋 친구, 사드락과 메삭과 아벳느고가 풀무 가운데 있을 때 그곳에 그들과 함께 계셨다. 그리고 사 43:2 "네가 불 가운데로 지날 때에 타지도 아니할 것이요 불꽃이 너를 사르지도 못하리니."라는 말씀과 같이 당신의 전능하신 능력으로 불이 그들에게 접근하지 못하게 막으심으로 그들의 생명을 구해주셨다. 다니엘이 사자 굴에 던졌을 때 하나님께서는 다니엘과 그곳에 계셨고, 그분의 용맹하심으로 사자들을 온순한 양으로 만드셨다.

사 41:10 "두려워 말라 내가 너와 함께 함이니라 놀라지 말라 나는 네 하나님이 됨이라 내가 너를 굳세게 하리라 참으로 너를 도와주리라 참으로 나의 의로운 오른손으로 너를 붙들리라." '참으로'는 히브리어로 אַף(아프)이고, 여기서 두 번 사용되고 있다. 이것은 하나님께서는 뜨거운 정열로 당신의 백성을 구원하고 계심을 강조한다. '나의 의로운 오른손'이란 하나님께서 당신의 백성을 구원하시는데 하나님의 전능하신 힘을 모두 사용하심을 의미한다.

그분은 용사이시기 때문에 그분이 당신의 백성을 구하는데 장애가 되는 것이 이 세상에 존재하지 않고, 이 세상의 모든 위험과 장애와 문제는 모두 그분의 통치 아래 있다. 용사이신 하나님께서는 과거, 현재, 미래, 영원히 백성의 구원자가 되어주신다.

b) 장성한 믿음

신앙생활에서 어떤 경우에는 사실이지만, 어떤 경우에는 사실이 아닐 수도 있는 복잡한 문제들이 있다. 그 중 하나가 현세적인 축복에 관한 것이다.

첫째, 비신자가 주님을 믿고 교회에 다니며 신앙 생활하게 되면, 하나님의 현세적인 축복을 받아 형통의 삶을 살게 된다.

어떤 신자들은 비신자들에게 전도할 때, 예수님 믿고 교회에 다니며 하나님의 복, 즉 현세적인 복을 받으라고 말한다. 비신자들은 이들의 말을 믿고 교회에 다니게 된다. 어떤 사람들은 이들의 말처럼 비신자 때보다 더 많은 축복을 받고 형통의 삶을 살게 된다. 그러나 어떤 사람들은 세월이 흘러도 복이 오기는커녕 삶의 상태는 그대로 있고, 기독교인으로 살아가는데 여러 가지 제약만 뒤따른다. 심지어 삶의 상태가 점점 악화하는 경우가 생김으로 일부 사람은 절망하며 교회를 떠나게 된다.

둘째, 신자는 평생 하나님의 축복을 받아 형통의 삶을 살게 된다.

하나님께서 초 신자 시절에 기도 응답과 도우심을 빨리 주시는 경우가 있다. 왜냐하면, 하나님께서 초 신자의 믿음을 성장시키시기 위해 연속적으로 응답과 도우심을 주시기 때문이다. 그러나 신앙생활의 연수가 지나 어느 정도 믿음이 성장하게 되면, 이런 은혜를 주시지 않고 무응답으로 일관하시는 경우가 있고, 심지어 기근이 오는 일도 있다.

저자는 성령 충만을 체험한 초기에 즉각적인 기도 응답받은 체험이 있다. 저자가 32세일 때 평촌동은 개발 전으로 전부 논이었고 근무하고 있었던 회사는 신도림역에 있었다. 회사는 '수원-안양-서울' 까지 통근 버스를 운행하고 있었으나 통근 버스를 타기 위해서는 안양 시내로 나아가야만 했다. 가끔은 출근 전에 돌발적인 생리 작용이나 늦게 일어나 통근 버스를 놓치게 될 어려움에 부닥치게 될 때가 있었다. 최상의 방법은 택시를 타고 안양 시내까지 가는 것이었다.

그 당시 특히 출근 시간에는 택시가 한적한 산업 도로를 잘 지나가지 않았다. 그러나 저는 혹시나 하는 심정으로 택시를 기다리면서 "하나님 늦어요, 택시를 주셔요." 라고 기도하였다. 기도가 끝나기가 무섭게 보이지 않았던 택시가 흑기사처럼 나타났다. 이 일은 이후에도 여러 번 경험하였다.

목사가 된 후에 너무 늦어서 이 당시 체험이 기억나 하나님께 택시를 주시라고 기도한 적이 있었다. 그런데 택시는 안 오고 성령님의 감동으로 책망만 받게 되었다.

"일찍 서둘러라."

하나님께서는 이런 과정을 통하여 고전 13:11 "내가 어렸을 때에는 말하는 것이 어린아이와 같고 깨닫는 것이 어린아이와 같고 생각하는 것이 어린아이와 같다가 장성한 사람이 되어서는 어린아이의 일을 버렸노라."라는 사도 바울의 고백처럼 신자가 어린아이의 생각을 버리고 장성한 신자로 성장하기를 원하신다.

신앙의 장성은 세상의 장성과 다른 것이다. 세상의 장성은 누구도 의지하지 않고 독립적인 위치에 서는 것을 말한다. 그러나 신앙의 장성은 이와 반대의 개념으로 자신의 이성과 철학, 물질, 권세 등과 같은 것들을 의지하며 독립적으로 살았던 삶을 완전히 버리고 매사에 하나님을 전폭적으로 의지하며 살아가는 의존적인 삶을 말한다.

신자가 하나님을 전폭적으로 의지하는 장성한 삶을 살기 위해서는 무엇보다 먼저 세상의 생각을 내려놓고 하나님의 생각으로 자신의 생각을 채워야 한다. 그러므로 하나님께서는 미디안 광야의 떨기나무 가운데서 모세에게 출 3:5 "네 발에서 신을 벗으라."라고 명령하신 것이다. 신을 벗는 것은 자신의 모든 생각과 철학과 권리를 포기하고, 참으로 이해할 수 없고 자신의 경험이나 지식으로 받아들일 수 없는 하나님의 약속과 명령일지라도 전폭적으로 믿으며 의지하며 순종하며 살겠다는 결단이다.

이스라엘 백성이 홍해 바다를 건너 수르광야로 들어가 사흘 길을 갔지만 물을 얻지 못하고 있다가 마라(Marah)에 이르러 물을 발견하였다. 그러나 물이 써서 마실 수가 없었다. 백성은 모세에게 "우리가 무엇을 마실까."라고 원망과 불평하였다. 모세가 부르짖어 기도하자 하나님께서는 모세에게 한 나무를 던질 것을 지시하시고, 모세가 순종할 때 쓴 물을 단물로 만드심으로 갈증의 문제를 해결해주셨다.

이스라엘 백성이 출애굽하고 한 달이 지나 엘림과 시내 산 사이에 있는 신 광야에 도착하였지만, 식량이 떨어짐으로 생존의 심각한 위기에 직면하게 되었다. 이스라엘 백성은 모세와 아론에게 출 16:3 "너희가 이 광야로 우리를 인도하여 내어 온 회중이 주려 죽게 하는도다."라고 원망과 불평을 하였다. 기록은 없지만, 이때도 모세가 기도하였을 것이다. 여호와께서는 안식일을 제외하고 만나(Manna)를 매일 내려주심으로 이 문제를 근본적으로 해결해주셨다.

이스라엘 백성은 하나님의 명령에 따라 신 광야를 출발하여 르비딤에 도착하여 장막을 쳤지만, 마실 물이 없음을 알게 되었다(출 17:1). 이스라엘 백성은 모세에게 출 17:3 "당신이 어찌하여 우리를 애굽에서 인도해 내어서 우리와 우리 자녀와 우리 가축이 목말라 죽게 하느냐."라고 원망과 불평을 하였다. 모세가 부르짖어 기도하자 하나님께서는 모세에게 지팡이로 반석을 치라고 명령하시고, 모세가 순종할 때 반석에서 물이 나오게 하심으로 갈증의 문제를 해결해주셨다.

르비딤에서 이스라엘 백성은 최초의 적인 아말렉을 만났다. 모세는 여호수아에게 사람들을 선택하여 싸울 것을 지시하고, 아론과 훌을 데리고 산꼭대기에 올라가서 손을 들고 기도하였다. 모세가 손을 들면 여호수아의 군대가 이기고, 손을 내리면 아말렉의 군대가 이김으로 아론과 훌은 돌 위에 앉아서 양쪽에서 모세의 손을 전쟁이 끝날 때까지 잡아주었다. 여호수아의 군대는 승리하였고, 모세는 단을 쌓고 יְהוָה נִסִּי(*야웨 닛시*; 야웨는 나의 깃발, The Lord is My Banner)라고 고백하였다.

앞의 세 가지 사건 모두는 '**문제 – 원망**과 **불평 – 모세의 기도 – 해결**'의 순으로 기록되고 있지만, 네 번째 사건은 '**문제 – 모세의 기도 – 해결**'의 순으로 기록되고 있다. 이것은 앞의 세 가지 사건, **물 – 식량 – 물**의 문제를 통하여 이스라엘 백성은 그들의 생존의 문제를 초자연적인 방법으로 해결해주시는 하나님을 만나게 되므로 네 번째 사건에서는 원망과 불평 없이 하나님을 전폭적으로 의지하는 이스라엘 백성의 장성한 믿음을 보여준다.

미디안 제사장이고 모세의 장인인 이드로는 모세가 보내던 아내 십보라와 두 아들을 데리고 모세를 방문하였다.[34] 모세는 장인에게 지금까지 하

---

34) 대부분의 주석가들은 모세가 할례 문제로 생명의 위협과 갈등을 겪고 나서 장인에게 아내와 두 아들을 보낸 것으로 주석하고 있다(출 4:24-26).

나님께서 자신과 이스라엘 백성에게 행하신 일들을 상세하게 이야기하였다. 이드로는 기뻐하며 출 18:11 "이제 내가 알았도다 여호와는 모든 신보다 크시므로 이스라엘에게 교만하게 행하는 그들을 이기셨도다."라고 찬송하였고, 이 일로 말미암아 이스라엘 백성은 하나님을 더욱 신뢰하는 장성한 믿음을 소유하게 되었다.

C. 제3시험: 갈등의 시험(창 13:1-18)

아브람은 하란에서 가져온 재산(창 12:5)과 애굽에서 바로에게 받은 재물(창 12:16) 등으로 창 13:2 "은과 금이 풍부하였더라."라는 말씀에서 볼 수 있는 것처럼 가축과 은과 금이 풍부하게 되자 아브람은 롯에게 재산 일부를 주었다(창 13:5).

롯은 큰아버지의 은혜에 보답하기 위해 전심전력한 결과 가축 수가 놀랍게 증가하였지만, 문제가 발생하였다. 아브람과 롯의 가축들이 함께 거하기에는 땅이 좁아 아브람과 롯의 목자들 사이에 목초지를 확보하기 위해 싸움이 잦게 되었다. 더 큰 문제는 잦은 싸움으로 말미암아 롯은 아브람에 대한 은혜와 고마움을 잊게 되었고, 마침내 롯은 아브람과 분가하기로 하고 아브람에게 통보하였다.

창 13:7 하반 절 "가나안 사람과 브리스 사람도 그 땅에 거하였는지라." 라는 말씀처럼 아브람과 롯이 동거했던 땅에는 가나안 사람과 브리스 사람도 함께 동거하고 있었다. 그러나 아브람과 롯이 그들과 싸웠다는 기록이 없다. 이것에 한 가지 가설을 제안한다면, 가나안 사람과 브리스 사람은 충분한 땅을 확보하였고, 아브람과 롯은 그들의 땅에 갈 수 없었기 때문에 아브람과 롯은 그들과 싸우지 않게 되었다고 볼 수 있다.

아브람과 롯은 이방인들이 보는 앞에서 가족끼리 싸움을 벌였다. 김서택은 이 싸움을 단순한 땅의 부족 문제라는 이유도 있지만, 다른 신앙의 가치관 충돌로 보고 있다. 그가 말한 바로는, 아브람은 말씀에 근거한 순수한 신앙을 소유했고 롯은 그렇지 못하였다. 롯은 하나님의 말씀을 순종함으로 자신도 고생하고 남도 고생시키는 아브람을 더는 신뢰할 수 없게 되었다. 롯은 더는 아브람을 따라가면 망할 수밖에 없다는 결론을 내리고, 헤어지

게 되었다.[35)]

롯은 하나님의 명령에 순종하여 갈 바를 알지 못하고 가나안 땅에 온 큰아버지 아브람과는 신앙의 가치관이 다르고 현실적인 것을 중요시하는 사람이었다. 그는 창 13:10 상반 절 "이에 롯이 눈을 들어 요단 지역을 바라본즉." 라는 말씀처럼 하나님의 말씀보다 요단 지역의 외형적인 조건들, 즉 물이 풍부하고 땅이 기름진 것을 보았다. 롯은 바로 그 땅으로 이주하였고, 번영과 안락한 삶이 보장된 땅을 찾아 평야로 점점 내려갔다가 소돔과 고모라에 정착하였다. 그는 그곳에서 그가 그렇게도 사랑했던 모든 소유와 심지어 자신의 아내까지 잃게 되는 비극을 맞이하였다(창 19:23-29).

롯은 창 13:11 "롯이 요단 온 지역을 택하고 동으로 옮기니 그들이 서로 떠난지라." 라는 말씀처럼 기름진 평야인 동쪽 요단 온 들을 택하고 떠났다. 아브람은 롯이 떠나자 배신감과 그를 잃은 상실감으로 심한 갈등과 고통을 당하였다. 하나님께서는 창 13:14 상반 절 "롯이 아브람을 떠난 후에 여호와께서 이르시되." 라는 말씀처럼 다시 나타나셨다. 그리고 아브람에게 창 13:14 하반 절-15 "너는 눈을 들어 너 있는 곳에서 북쪽과 남쪽 그리고 동쪽과 서쪽을 바라보라 보이는 땅을 내가 너와 네 자손에게 주리니 영원히 이르리라." 라는 분명한 약속을 주시었다. 이후에 아브람은 롯을 구하러 갈 때 318명의 사병을 거느리고 갈 정도로 거부가 되었다(창 14:14).

현대에 어떤 갈등들이 존재하는가를 기술하기 전에 분명한 결론에 도달하게 된다. 모든 갈등의 해결은 아브람처럼 하나님의 말씀 안에서 찾아야 한다.

1) 신앙과 이성의 갈등

신앙과 이성은 영원한 동반자인 동시에 영원한 적대자이다. 이성은 인간이 소유하는 능력으로 학문을 탐구하고 문학 창작을 가능하게 하는 능력이

---

35) 김서택, 「약속의 땅에도 기근은 오는가」, 71-9.

라면 신앙은 초자연적인 하나님의 계시를 받아들이고 믿는 이성을 뛰어넘는 초자연적인 능력이다.

어거스틴은 신앙과 이성의 문제는 신앙은 '믿는다' 의 행위와 '안다' 의 행위의 관계로 볼 수 있다고 주장한다. 그는 단순히 믿는다는 것에 머무는 것이 아니라 지적인 이해로 전환, 즉 신앙으로부터 이해의 길로 갈 수 있다는 것이다.[36] 어거스틴의 주장을 따르면, 먼저 하나님의 초월적인 계시를 믿음으로 받아들이고 믿으면, 다음으로 인간의 이성을 통하여 그 진리가 이해되는 완성의 단계에 이를 수 있다.

루터는 구원의 길에서 인간의 이성은 방해자에 불과하다고 주장한다. 그의 견해에 따르면, 인간에게 자유 의지(Free Will)가 있다면 하나님의 의지나 마귀의 의지에 지배되는 노예 의지(Servo arbitrio)일 뿐이다. 신자는 하나님의 지배를 받지만, 자연인, 즉 비신자는 마귀의 지배를 받게 된다. 자연인의 이성은 현세적 생활에서 유효한 능력이지만 신앙이나 구원과는 전혀 관계가 없고, 오히려 죄로 향하는 경향성 때문에 신앙의 방해자가 된다.[37]

최현근은 "신앙의 고삐가 없는 이성은 자멸을 초래하며, 이성의 검증이 없는 신앙은 광신에 빠지게 된다."라고 언급하면서 신앙과 이성의 갈등은 인류의 영원한 과제라고 기술한다.[38]

신앙은 루터가 주장한 것처럼 자연인의 노예 의지로는 불가능하다. 마귀의 지배를 받고 있는 자연인의 노예 의지에 진리의 영이신 성령님의 생명의 빛이 임할 때 하나님의 계시가 믿어지고 이해된다. 그러나 예수님을 구주로 믿고 거듭나 하나님의 자녀가 된 후에도 신자의 이성은 자주 어둠 세력의 조정을 받아 신앙과 충돌하게 된다.

신앙과 이성의 갈등은 비신자와 신자들의 내면세계에서 계속 일어나고 있음을 알 수 있다.

---

36) 최현근, 「신앙과 이성」 (서울: 쿰란, 2007), 13-4, 143-60.
37) 최현근, 「신앙과 이성 」, 236-71.
38) Ibid., 392.

a) 비신자 안에서

자연인, 즉 비신자는 루터의 주장처럼 마귀의 지배를 받는 노예 의지를 소유하고 때문에 근본적으로 하나님의 계시를 거부하지만, 하나님의 존재에 대하여 수시로 갈등하는 것도 사실이다.

저자가 20대 초반일 때, 포장마차에서 만난 한 분을 지금도 잊을 수가 없다. 그분은 당시 40세 후반쯤 된 중년 남자로 자신을 화가라고 소개하였다. 그분은 자신의 꿈은 성화, 그것도 예수님의 얼굴을 한 번 그려보는 것이라고 했다. 그분은 다음과 같이 말했다 "제가 성화를 그리기 위해서는 성경을 알아야 하기 때문에 수년째 성경을 읽고 있지만, 매번 창세기 4장 가인이 아내와 동침하여 에녹을 낳았다는 부분에서 멈추게 됩니다. 바로 그전까지 말씀에서 아담과 하와가 가인과 아벨 둘만 낳았고, 가인이 아벨을 죽였다고 기록하고 있기 때문에 지구에는 아담과 하와와 가인만 존재하게 되는 것이 아닙니까? 그런데 가인이 아내와 동침했다는 것이 이해가 됩니까? 도대체 어디서 여자가 생겨서 가인이 동침했다는 말입니까? 저는 도저히 이해할 수 없어 성경을 덮어버립니다. 정말로 저 자신도 안타깝습니다."

저자는 그 당시 하나님을 믿고 있었지만, 성경 말씀을 누구에게 설명해 줄 수 있는 확고한 믿음과 지식을 가지 못한 상태였고, 이분처럼 심한 갈등을 겪고 있지는 않았지만, 이 부분에 대해서 어느 정도 질문과 회의를 하고 있었다. 심하게 갈등하는 그분을 보면서 도와줄 수 없는 자신의 무능함에 매우 실망하고 안타까워했던 기억이 있다.

b) 신자 안에서

저자는 심한 위장병으로 약 3년간 고생하다가 기도원에서 3일 금식하는 가운데 성령 충만함과 방언의 은사를 받고 위장병이 순식간에 치료받게 되었다.

그 후 저자의 마음에 "정말로 하나님께서 나의 위장병을 치료해주신 것일까? 우연히 치료된 것은 아닐까?"라는 의심이 생겼다. 저자가 그 의심을 수용하자 지난날과 동일하게 위에 심한 통증이 왔다. 저자는 즉시 하루 금식하며 하나님의 치료하심에 의심한 죄를 철저히 회개하였다. 다음날 신기하게도 위의 통증이 완전히 사라졌다.

얼마의 세월이 흐른 후에 다시 이성의 의심이 고개를 들어 "정말로 하나님께서 나의 위장병을 치료하신 것일까?"라는 의심이 마음에 생겼고, 곧바로 위에 심한 통증이 왔다. 저자는 또 하루 금식하며 하나님께 회개하였고, 다음날 위의 통증이 완전히 사라졌다.

얼마의 세월이 흐른 후에 다시 이성의 의심이 고개를 들어 하나님의 치료하심을 의심하게 하였다. 이때도 어김없이 위에 통증은 찾아왔고, 다시 하루 금식하며 회개함으로 다음날 위의 통증이 완전히 사라지게 되었다.

저자는 세 번째 체험을 통하여 하나님께서 위장병을 치료해주셨다는 확고한 믿음을 가지게 되므로 더는 이성의 의심이 고개를 들지 못하였다. 이후로 저자는 약간의 속 쓰림과 같은 가벼운 증세를 느낀 적은 있지만, 더는 위의 심한 통증으로 고생하지 않게 되었다.

2) 가족과 주위 사람들 안에서

a) 정체성(Identity)

예수님은 목수의 아들로 태어나셨고, 육신의 아버지인 요셉은 일찍이 세상을 떠났다. 예수님은 막 6:3에 기록된 것처럼 야고보, 요셉, 유다, 시몬, 그리고 누이들이 있었고, 장남이었다. 예수님은 대식구의 생계를 책임지기 위해 어린 나이부터 부친의 일을 물려받아 목수의 일을 하셨다.

예수님은 30세가 되던 어느 날, 요단 강에서 세례 요한에게 세례를 받고(마 3:13-17) 40일 금식 후(마 4:1-11), 자신이 하나님의 아들이심과 천국 복음을 전파하심으로 하나님의 아들로서 생애를 시작하셨다(마 4:17).

① 친구와 친척, 가족과의 갈등

일부 주석가가 주석한 것처럼 서기관들과 바리새인들은 자신들의 직위와 명예를 지키기 위해 많은 무리를 동원하여 예수님이 미쳤음을 적극적으로 세상에 알렸다. 예수님의 친족들은 예수님이 미쳤다는 소문을 듣게 되었다. 그들은 세상의 소문을 그대로 믿고 막 3:21 "예수의 친족들이 듣고 그를 붙들러 나오니 이는 그가 미쳤다 함일러라."라는 말씀과 같이 예수님을 붙들러 왔지만 그들의 뜻대로 되지 아니하였다. 그들은 친 가족에게 알렸다.

어머니 마리아와 동생들과 누이들은 친족들부터 예수님이 미쳤다는 전갈을 받고 예수님을 집으로 데려가기 위해 찾아왔다. 예수님과 함께 앉아 있었던 무리는 그들을 알아보고 막 3:32 "당신의 어머니와 동생들과 누이들이 밖에서 찾나이다."라고 예수님께 말씀드렸다. 그러나 예수님은 막 3:33 "누가 내 모친이며 동생들이냐."라고 무리를 책망하셨다.

예수님은 막 3:35 "누구든지 하나님의 뜻대로 행하는 자가 내 형제요 자매요 어머니이니라."라는 말씀으로 자신의 정체성을 밝히셨다. 예수님은 혈연으로 맺어진 가족 관계를 초월한 하나님의 아들인 동시에 자신을 구주로 믿는 자들과 참된 가족이 되신다.

② 고향 사람들과 갈등

예수님은 30년간 살았던 고향인 나사렛에 오셨다(막 6:1). 이때 고향 사람들은 예수님을 가족의 생계를 위해 성실하게 일하였던 평범한 목수로 생각하고 있었다. 예수님이 안식일에 회당에서 하나님의 나라에 관하여 담대하게 말씀하며 가르치시자 고향 사람들은 편견을 가지고, 마 6:3 "이 사람이 마리아의 아들 목수가 아니냐 야고보와 요셉과 유다와 시몬의 형제가 아니냐 그 누이들이 우리와 함께 여기 있지 아니하냐."라고 말하면서 예수님의 말씀을 믿지 않을 뿐만 아니라 멸시하고 배척하였다.

어떤 사람이 예수님을 영접하고 거듭나 과거와 전혀 다른 삶을 살게 되면, 예수님이 자신의 정체성, 즉 하나님의 아들이심을 의심받고 심지어 미친 사람으로 취급받으신 것처럼 제일 먼저 가족과 친지와 친구, 그리고 주위 사람들에게 정체성을 의심받게 된다.

저자가 성령 충만함을 체험하고 술과 담배를 끊고 신자로서 새로운 삶을 살게 되자 가족들은 모두 신자였기 때문에 매우 기뻐하며 환영하였지만, 친구들, 특히 직장 동료는 저자에게 극심한 의심의 눈초리를 보냈다. "혹시 저가 정신이 이상해진 것은 아닌가! 네가 얼마나 가는가 보자."

저자가 한 달이 지나고 일 년이 지나도 변함없이 새로운 삶을 살고, 신우회장으로 복음을 적극적으로 전하자, 직장 동료는 저자의 거듭남을 비로써 인정하게 되었고, 그들은 회식 자리에서 술 대신 음료수를 권하였다. 그들은 업무상 모르는 사람들과 회식을 하면 "저 사람은 독실한 기독교인이기 때문에 술을 마시지 않습니다."라고 저자를 적극적으로 변호해주었다.

b) 전통 및 다른 종교 안에서

사도행전 9장을 보면, 사울은 살기가 등등하여 주님의 제자들을 잡으러 가게 되었다. 사울이 다메섹에 가까이 갔을 때 하늘로부터 빛이 자신을 둘러 비추었다. 사울은 깜짝 놀라 땅에 엎드려졌고, 행 9:4 "사울아 사울아 네가 어찌하여 나를 박해하느냐."라는 책망의 소리를 듣고 사울은 너무도 놀라 행 9:5 "주여 누구시니까."라고 질문하였다. 주님은 행 9:5 "나는 네가 박해하는 예수라."라고 대답하셨고, 사울은 예수님을 만나 거듭나게 되었다.

사울은 예수님을 만나 거듭난 순간 눈이 어두워져서 아무것도 볼 수 없게 되었지만, 아나니아의 안수를 받고 눈에서 비늘 같은 것이 벗겨져서 다시 보고, 음식을 먹음으로 강건해졌다. 아나니아는 주님께 행 9:15 "이 사람은 내 이름을 이방인과 임금들과 이스라엘 자손에게 전하기 위하여 택한 나의 그릇이라."라는 말씀을 듣고 사울에게 이 말씀을 전하였다. 주님은 이방인의 사도로 사울을 택하셨다.

사울이 다메섹에서 며칠 있을 때, 회당에서 예수님이 하나님의 아들이심을 전파하였다. 회당에 있는 대부분 사람은 행 9:21 "이 사람이 예루살렘에서 이 이름을 부르는 사람을 멸하려던 자가 아니냐 여기 온 것도 그들을 결박하여 대제사장들에게 끌어가고 자 함이 아니냐."라고 사울의 개종을 강하게 의심하며 그의 복음 전파를 거부하였다. 그들의 의심과 거부는 당연하였다. 왜냐하면, 사울은 자신의 고백처럼 세 가지 점에서 율법을 절대적으로 신봉할 수밖에 없는 바리새인 중의 바리새인이기 때문이다.

빌 3:5 "내가 팔 일만에 할례를 받고 이스라엘의 족속이요 베냐민의 지파요 히브리인 중의 히브리인이요 율법으로는 바리새인이요.", 행 22:3 "나는 유대인으로 갈리기아 다소에서 났고 이 성에서 자라 가말리엘의 문하에서 우리 조상들의 율법의 엄한 교훈을 받았고 오늘 너희 모든 사람처럼 하나님께 대하여 열심히 있는 자라."

첫째, "베냐민 지파요." 사울은 태어날 때부터 히브리인임을 더욱 강조하기 위해 자신을 베냐민 지파라고 소개한다.

둘째, "히브리인 중의 히브리인이요." 브루스(F.F. Bruce)는 "행 6:1을 보면 비록 히브리인이나 헬라파인들은 모두 유대인이긴 하지만, '히브리인들' 은 '헬라파인' 에 대비하여 사용되고 있다. 그 구분은 아마도 언어와 문화의 연관에서 일 것이다."라고 말하였다. 또한, 그는 이런 구분에서 볼 때, 히브리인들은 히브리어로 예배를 드리는 회당에 참석하였고, 헬라파인들은 헬라어 성경을 읽고 기도문을 암송하는 회당에 참석하였으리라고 기술하였다.

셋째, "율법에서 바리새인이요." 이것은 그가 당시 바리새인의 지도자격인 가말리엘 문하에서 교육을 받았고, 가장 엄격하게 바리새인의 생활을 하였다는 것을 강조하기 위한 것이다.[39)]

한국에서 현대 기독교 신자들이 겪는 여러 갈등 중 최고의 갈등은 바로 제사 문제이다. 한편으로 생각하면, 부모님의 묘에 절하거나, 부모님의 기

---

39) F. F. Bruce, *Paul: Apostle of the Heart Set Free*, 정원태 역, 「바울신학」 (서울: 기독교문서회, 1990), 36-9.

일(忌日)[40]에 상을 차려놓고 절하는 것은 단순히 돌아가신 부모님을 다시 한 번 생각하고 기념하는 행위로 볼 수 있다. 이런 생각으로 어떤 신자들은 절하지만, 대부분 신자는 제2계명, 출 20:5 "그것들에 절하지 말며." 라는 말씀을 순종하여 절하는 것을 거부함으로 가족들에게 왕따와 핍박을 당하게 된다.

출 20:4 "아무 형상을 만들지 말며." 라는 말씀은 단순히 가시적으로 형상을 만들지 말라는 것이 아니고 마음에 어떤 형상을 만들지 말라는 것이다. 그러므로 성경은 골 3:5 "그러므로 땅에 있는 지체를 죽이라 곧 음란과 부정과 사욕과 악한 정욕과 탐심이니 탐심은 우상 숭배니라." 라고 탐심은 우상 숭배라고 경고한다. 왜냐하면, 탐심은 바로 배금주의, 즉 암몬 신이라는 형상을 마음에 만들어 경배하는 행위이기 때문이다.

죽은 자에게 절하는 것은 분명히 우상 숭배에 해당하고, 그 이유를 크게 두 가지로 들 수 있다.

첫째, 죽은 자에게 절하는 것은 마음에 이미 형상을 만들고, 그 형상에 경배하는 행위이다.

사람들은 절하면서 죽은 자와 대화하기도 하고, 죽은 자에게 자신들의 평안과 번성을 기원한다. 이것은 자신이 믿는 신에게 드리는 기도와 동일한 행위이다. 따라서 죽은 자에게 절하는 행위는 명백한 우상 숭배이다.

둘째, 죽은 자에게 절하는 것은 죽은 자의 영혼이 자유롭게 왕래할 수 있다는 생각에서 비롯된 행위이다.

마 27:38 "이 때에 예수와 함께 강도 둘이 십자가에 못 박히니 하는 우편에, 하나는 좌편에 있더라.", 눅 23:42-43 "예수여 당신의 나라에 임하실 때에 나를 기억하소서… 오늘 네가 나와 함께 낙원에 있으리라.", 눅 16:19-31 "한 부자가 있어… 너희와 우리 사이에 구렁텅이가 놓여 있어 … 죽은 자가 가운데서 살아나는 자가 있을지라도 권함을 받지 아니하리라 하

---

40) 사람이 죽은 날. 참고: 양주동박사 감수, 「현대국어사전」(서울: 상지사, 1985), 147.

였다 하시니라."

이 말씀들을 종합해볼 때 죽은 자가 가는 곳은 두 가지 장소, 낙원(παραδεισος, *파라데이소스*)과 음부음부(ἅδης, *하데스*)로 분명하게 제한되어 있다. 이것은 종말적으로 천국과 지옥이다. 회개한 강도와 거지 나사로는 죽어 낙원에, 부자는 죽어 음부에 들어갔다. 부자는 음부에서 너무도 고통스러워 두 가지 간청을 한다. 첫째, 낙원에 있는 나사로를 보고 그를 통하여 물 한 방울이라도 보내주기를 간청하지만 거절된다. 왜냐하면, 낙원과 음부 사이에는 큰 구렁텅이가 있어 왕래가 아주 불가능하기 때문이다. 둘째, 형제 다섯에게 나사로를 보내어 증언하게 하여 그들이 음부로 오지 않게 해달라고 간청하지만, 이것마저도 거절당한다. 왜냐하면, 죽은 자의 영혼이 낙원이나 음부를 절대로 벗어날 수 없기 때문이다.

죽은 자는 반드시 낙원 혹은 음부 중 어느 한 곳으로 간다. 구원받은 하나님의 백성은 죽어서 낙원으로 가고, 구원받지 못한 비신자는 죽어서 음부로 간다. 그리고 그들의 영혼은 절대로 그곳을 벗어날 수 없다. 따라서 제사를 지내고 절하며 죽은 자의 영혼과 교통을 시도하는 행위는 하나님의 말씀에 어긋나는 우상 숭배이다.

3) 세상과 직장 안에서

그리스도인이 사탄의 속임수에 빠져 자신의 직업과 일(Job and Work)에 대하여 그릇되게 인식하는 것으로 크게 두 가지를 들 수 있다. 첫째, 세상의 모든 일은 세속적이다. 둘째, 일은 단순히 생계를 위한 도구이다.

a) 세속(Secularization)

리차드 미들톤와 브라이안 왈쉬는 자신들의 책에서 이원론 세계관은 구조와 방향을 혼동함으로 우리의 삶을 왜곡시키고 있다고 기술하고 있다. 하나님의 창조 구조는 순종과 불순종, 즉 두 가지 본질적인 방향으로 구성되어 있는데 이원적 사고는 첫 번째 방향(하나님의 나라)을 은혜의 영역, 즉 거룩한 것 두 번째 방향(이 세상)을 자연 영역, 즉 세속적인 것으로 구분하고, 교회에서 행하는 일들은 거룩한 것이고 세상에서 행하는 일들은 세속적인 것으로 취급한다.[41]

이들의 논리에서 보면, 거룩한 일과 세속적인 일의 구분은 그 일이 행해지는 장소에 따라 구분되는 것이 아니라 교회든 세상이든 하나님의 말씀에 순종하여 행해지는 일은 거룩한 것이고, 하나님의 말씀에 불순종하여 행해지는 일은 세속적이다.

"세상에서 행하는 모든 일은 세속적이다."라는 생각의 핵심적인 폐단은 마 5:13 "너희는 세상의 소금이니.", 마 5:14 "너희는 세상의 빛이라."라는 신자의 본분, 즉 '세상의 빛과 소금'의 직분을 통하여 하나님의 영광을 드러내고, 하나님의 나라를 확장할 기회를 놓치게 된다.

이런 생각은 주님의 복음이 신자를 통하여 왕성하게 전파되는 것을 방해하기 위한 마귀의 술책이다.

b) 단순한 생계의 도구

오스 힐먼(Os Hillman)은 사탄은 기독교인들이 일터에서 무기력한 존재가 되기를 원하여 그들에게 직업 활동은 무의미하거나 노동은 저주받는 활동에 불과하다는 그릇된 인식을 심어 주는 속임수를 쓰고 있다고 주장하였다.

힐먼은 예수님은 노동을 구속하심으로 노동은 목적을 갖게 되었다고 주장한다. 인간은 타락하기 전에는 수고와 땀 없이 경작할 수 있는 능력과 순결한 마음을 소유하고 있었지만, 타락 후에는 능력을 상실함으로 수고와 땀 때문에 노동이 더는 기쁨이 될 수 없게 되었다. 그러나 예수님이 인간에게 노동의 기쁨도 회복시켜 주심으로 노동은 목적을 갖게 되었다. 하나님께서

---

41) 리챠드 미들본 and 브라이안 왈쉬, 「그리스도인의 비전」, 황영철 역 (서울: 한국기독학생회, 1987), 117-143.

는 이 세상 모든 사람에게 직업을 허락하심으로 직업을 통하여 하나님의 영광을 드러내기를 원하신다.

힐먼은 신자가 자신의 직업에서 하나님의 영광을 드러내기 위한 자질로 크게 네 가지를 제시한다. ① 탁월한 업무능력, ② 순전한 인격(성경에서 말하는 윤리 의식), ③ 사랑과 섬김, ④ 표적과 기사.[42]

사탄은 그리스도인들이 하나님께서 주신 직업을 통하여 하나님의 영광을 드러낼 때 이루어지는 열매를 잘 알고 있다. 그것은 왕성한 복음 전파와 하나님의 나라 건설과 확장이다. 그러므로 사탄은 신자에게 직업은 무의미하고, 노동을 아담 타락의 저주 결과로 인식시킴으로 생계를 위해 최소한의 일만을 하게 함으로 신자는 자신의 직업에서 하나님이 주신 재능을 발휘하지 못하게 된다.

신자는 힐먼이 언급한 것처럼 자신이 종사하는 일에 탁월한 업무 능력을 소유하기 위해 기도로 하나님의 지혜를 구하며 열심히 공부해야 한다. 또한, 자신의 일에 하나님의 도우심이 임하도록 매사에 기도하고, 하나님의 은혜를 받아 일터에서 거룩한 삶과 주님의 사랑과 섬김을 실천으로 보여주어야 한다.

4) 교회 안에서

교회 안에서 여러 가지 갈등 때문에 목회자와 신자들은 상처를 받게 된다. 갈등이 심하여지면 교회가 분열되거나, 신자들이 떠남으로 교회가 문을 닫는 경우가 일어난다. 교회의 갈등은 근본적으로 사탄이 교회를 이 땅에서 소멸시키기 위한 효과적인 방법의 하나로 사용하는 수단임이 틀림없지만, 목회자와 신자들이 사탄이 개입할 기회를 제공한 점도 부인할 수 없다. 교회의 갈등은 대상적인 측면에서 크게 두 가지로 분류할 수 있다.

---

42) Os Hillman, *The 9 to 5 Window*, 조계광 역, 「일터사역」 (서울: 생명의말씀사, 2007), 13-26, 61-73.

a) 목회자와 신자의 갈등

크레이그 그로쉘(Craig Groeschel)의 다음과 같은 기술에서 목회자와 신자 간의 갈등을 볼 수 있다.[43)]

> 솔직히 어떤 그리스도인은 무척 싫다. 자기가 의로운 줄 알고 위선적이며 속이 옹졸한 신자들이 참 많다. 이런 신자들과 어울리느니 차라리 불신자들과 어울리고 싶을 때가 많다.
> 어느 대형 교회 아무개 목사에게 나도 깊이 공감한다. 한번은 그가 인터뷰 중에 기자에게 말하기를 자기는 기도를 하루 여섯 시간씩 한다고 했다. 기자는 놀라서 왜 그렇게 오래 기도하느냐고 물었다. 목사는 솔직히 대답했다. "우리 교회는 아주 큽니다. 그만큼 미운 사람도 많습니다. 그 사람들을 사랑하려면 여섯 시간은 기도해야 합니다."
> 나도 모든 그리스도인을 좋아했으면 좋겠지만 실은 그렇지 못하다. 내가 많은 그리스도인을 싫어하는 몇 가지가 있다. 우선 그들은 지독히도 판단에 능하다. 또한, 그들은 짐짓 거룩한 척하며 온갖 생색을 다 낸다. 그들은 하등 쓸데없는 일들로 싸우고 따진다.

김성수 목사는 자신의 목회를 근거로 쓴 책에서 목회자가 신자와의 갈등을 예방하는 방법으로 마 10:16 "그러므로 너희는 뱀 같이 지혜롭고 비둘기같이 순결하라."라는 주님의 말씀을 제시한다.

> 비둘기와 같이 순결한 마음과 생활은 하나님 앞에서의 목사상을 말씀하신다. 그리고 "뱀과 같은 지혜로움"은 성도와 사람들 앞에서의 목사상을 말씀하신다.

---

43) Craig Groeschel, *Confessions of a Pastor*, 윤종석 역, 「목사로 산다는 것」 (서울: 두란노, 2008), 66-7.

> 목사는 하나님 앞에 깨끗하고 거룩해야 한다. 이것을 칼빈은 경건이라고 했다.… 경건은 죄 없음을 말하는 것이… 용서를 구하고 거룩하고 신령한 채우심을 간구하는 것을 말한다.
>
> …
>
> 그러므로… 목사의 모든 것을 낱낱이 알리며 산다는 것은 자신에게도 해가 되고… 성도에게도 덕이 되지 않는다.

그는 목사가 숨길 것도 없고 감출 것도 없는 거룩한 생활을 완벽하게 할 수 없으므로 목사는 이중적인 처신, 즉 뱀과 같이 지혜롭게 처신할 것을 결론적으로 권면하는 동시에 이것에 대한 대안으로 네 가지를 제시한다. ① 목사는 감정과 사생활을 공개하지 말라. ② 하나님 말씀 아닌 다른 것으로 스승이 되지 말라. ③ 성도들의 속성을 잘 알아라(평신도들의 교회에 대한 기대는 목사와 다름). ④ 목사는 인간의 인정에 사로잡혀 목회하지 말고 하나님의 사랑으로 목회하라.[44)]

목회자와 신자의 관계는 이중적인 면을 가지고 있다. 좋은 관계일 때는 주님의 사랑으로 하나가 되고 하나님의 나라 확장과 건설에 손을 잡고 행진하지만, 나쁜 관계가 되었을 때는 서로 상처를 주고 상처를 받는 불편한 관계가 되며 협력자가 아니라 비방자 혹은 방해자가 된다. 결국에 신자는 다른 목회자를 찾아 교회를 떠나게 되는 일까지 발생하게 된다. 이것에 대한 최상의 처방은 이기심을 버리고, 하나님의 사랑으로 서로 부족과 잘못을 채워주고 용서하고, 서로 섬김의 영성을 회복하는 것이다.

b) 신자와 신자의 갈등

교회 안에서 신자 간의 갈등은 여러 요인으로 발생할 수 있지만, 대표적인 것으로 신약성경에 기록된 말씀을 통하여 두 가지를 들 수 있다.

---

44) 김청수, 「목사의 적 목회의 적」 (서울: 누가, 2002), 57-9, 194-235, 252, 455-7.

① 불공평한 대우

행 6:1 "그때에 제자가 더 많아졌는데 헬라파 유대인들이 자기의 과부들이 매일의 구제에 빠지므로 히브리파 사람을 원망한대."

예루살렘 교회에는 외국에서 살아다가 돌아온 헬라파 유대인들과 대부분 팔레스타인에서 태어난 유대인들로 구성되어 있었다. 이들 모두는 예수님을 구주로 영접한 그리스도인이었다. 예루살렘 교회는 부자들이 헌납한 공동 재산을 가지고 가난한 신자들에게 구제금을 할당했다. 예루살렘 교회의 과부들은 대부분 가난하였고, 구제금의 상당량은 과부들에게 할당되었다. 그런데 문제가 생겼다. 헬라파 과부들은 히브리파 과부들보다 구제금을 적게 받아 갈등이 생겨 서로 원망과 불평을 하게 되었다. 브루스(F. F. Bruce)는 이런 형상이 벌어지게 된 이유는 "아마도 구제금의 분배는 히브리파 유대인들의 손(The Hands of Hebrews)에서 이루어졌기 때문이었다."라고 주석하고 있다.[45]

신자 간의 갈등은 한쪽이 다른 쪽에게 불공평한 대우를 받게 될 때 발생하고, 심한 원망과 불평을 하게 된다. 이것을 방지하기 위해서는 보상을 바라지 않는 헌신과 섬김의 영성을 항상 소유해야 한다.

② 자리 때문에

마 20:20-21 "그때에 세베대의 아들의 어미가 그 아들들을 데리고 … 하나는 주의 우편에, 하나는 주의 좌편에 앉게 명하소서."

세베대의 아들들은 야고보와 요한이고 그들의 어머니는 '살로메'로 예수님의 이모이다(마 27:56, 막 15:40, 요 19:25). 야고보와 요한은 베드로와 같이 주님의 3대 제자로 불리만큼 열정을 다하여 주님을 섬기고 헌신하였

45) F. F. Bruce, *The New International Commentary on The New Testament: The Book of Acts* (Grand Rapids: Wm B. Eerdmans, 1986), 128.

다. 그들은 어머니를 통하여 그들의 헌신에 대한 보상을 요구하고 있다. 그들의 요구는 주님이 왕국을 건설하시게 되면, 자신들을 우편과 좌편, 즉 왕 다음의 권력을 가진 중요한 관직에 임명해달라는 것이다.

현대 교회에서 어떤 신자들은 교회의 직분을 세상의 직위처럼 자신의 신분 상승과 명예를 위해 갈망한다. 그들은 다른 신자에 비해 더 높은 직분을 원하고, 모든 일에 주도적인 위치에 있기를 원한다. 그들의 믿음과 인격이 직분에 합당한 경우 담임 목사는 그들이 원하는 직분에 주님의 이름으로 추천하거나 임명하지만, 합당하지 않을 때 담임 목사는 그들이 원하는 직분에 추천하지 않거나 임명할 수 없게 된다. 이에 따라 그들은 자신을 임명하지 않은 담임 목사와 자신 대신 임명되었다고 생각하는 신자의 의견이나 일을 사사건건 반대하거나 비판함으로 서로 상처를 받고, 심하면 교회는 분열의 소용돌이에 휩쓸리게 된다.

이런 폐단을 방지하는 최상의 길은 바로 종의 영성과 하나님의 면전 의식(면전에서; In God' Presence)을 소유해야 한다. 예수님이 영화롭게 된 것은 하나님의 아들이라는 신분이라기보다는 행 3:13 "아브라함과 이삭과 야곱의 하나님 곧 우리 조상의 하나님이 그 종 예수를 영화롭게 하셨느니라."라는 말씀과 같이 하나님의 종으로 저주의 십자가를 수행하셨기 때문이다.

신자가 하나님을 기쁘게 해 드리는 것은 직분이 아니라 자신에게 맡기신 일에 종처럼 충성을 다하는 것이다. 또한, 삼상 16:7 "사람은 외모를 보거니와 나 여호와는 중심을 보느니라."라는 말씀처럼 사람은 마음의 중심을 볼 수 없으나 하나님께서는 마음의 중심을 분명하게 보시며, 신자가 순전한 마음으로 종처럼 헌신할 때 기뻐하신다는 것을 기억해야 한다.

D. 제4시험: 용서와 희생의 시험(창 14:1-16)

아브람은 롯의 배신을 용서했을 뿐만 아니라 자신과 가신들의 목숨이 희생될 수도 있는 위험을 감수하면서 포로로 잡혀간 롯과 사람들을 구출하고 모든 재산을 찾아왔다. 이것은 아브람이 롯을 용서하는 것을 넘어 자신의 목숨까지도 돌보지 않는 희생적인 행동으로 인간의 정상적인 마음으로는 도저히 할 수 없는 일이다.

창 13:14-18에서 볼 때, 아브람이 롯을 용서한 것은 하나님의 절대적인 은혜의 결과라고 볼 수 있지만, 아브람이 용서해주겠다고 결심하지 않았다면, 진정한 용서는 일어나지 않았을 것이다. 아브람은 롯을 용서하기로 하고 자신의 마음 안에서 롯을 용서함으로 용서는 아브람의 행동으로 나타났고 아브라함은 용서의 시험을 통과하였다.

아브람은 용서의 시험을 통과한 것에 머물지 않고 자신과 가신의 목숨을 잃을 위험을 감수(甘受)하면서 포로로 잡혀간 롯을 구하러 갔다. 이것은 희생의 행위이다.

창 14:4-5를 보면, 소돔과 고모라와 그 주변 3국은 12년간 엘람왕 그돌라오멜에게 조공을 바치므로 평화로운 삶을 살 수 있었다. 그러나 그들은 더는 조공을 바치지 않았다. 분노한 엘람왕 그돌라오멜은 주변 3국과 동맹군을 결성하여 소돔을 포함한 5개국을 침략하였다.

동맹군과 대항군은 싯딤 골짜기에서 대접전을 벌였지만, 동맹군의 일방적인 승리로 끝나게 되었다. 네 왕은 소돔과 고모라를 점령하고, 창 14:11-12 "네 왕이 소돔과 고모라의 모든 재물과 양식을 빼앗아 가고 소돔에 거주하는 아브람의 조카 롯도 사로잡고 그 재물까지 노략질하여 갔더라."라는 말씀처럼 소돔에 거하는 롯을 사로잡고 그의 재물까지 약탈하여 갔다. 이곳에서 도망해온 자가 아브람에게 이런 사실을 알렸고, 아브람은 즉시 가신 318명을 거느리고 그들을 쳐서 다메섹 좌편 호바까지 쫓아가 빼앗겼던 재물과 롯과 포로로 잡혀간 사람들을 구출해 왔다.

아브람은 용서하는 것에 끝나지 않고 희생으로 나아간 것이다. 이것은 예수님 십자가의 사건의 그림자이다. 하나님께서는 인류의 조상인 아담이 선악과를 따 먹음으로 불순종의 죄를 범한 후 창 3:15 "내가 너로 여자와 원수가 되게 하여 … 너는 그의 발꿈치를 상하게 할 것이요." 라는 원 복음(Proto-Evangelium)에서 인류의 죄를 용서하시기 위해 예수님을 보내시고, 십자가에 돌아가심의 희생으로 진정한 용서를 성취하실 것을 분명하게 계시하셨다.

하나님께서는 예수 그리스도를 통하여 인간의 죄를 완전히 용서해주셨을 뿐만 아니라, 롬 8:39 "우리를 우리 주 그리스도 예수 안에 있는 하나님의 사랑에서 끊을 수 없으리라." 라는 말씀과 같이 예수님을 구주로 영접하고 고백하는 모든 자를 당신의 자녀로 삼으시고, 당신의 무한한 사랑을 주시고 계신다.

진정한 용서는 희생과 연결된다고 말할 수 있다. 왜냐하면, 진정한 용서는 사랑의 마음을 낳고 사랑의 마음은 희생을 낳기 때문이다.

1) 심리학자들의 용서 비결

재미스 A. 스프링(Janis A. Spring)은 자신의 책에서 용서를 4가지, 즉 거짓 용서, 용서 거부, 수용, 순수한 용서 등으로 구분하고, 수용과 순수한 용서는 순기능적이지만 거짓 용서와 용서 거부는 역기능적이라고 주장하였다.

그녀는 거짓 용서를 선택하는 사람들을 세 가지 유형으로 구분하고 있다. 첫째, 갈등 회피형: 이것은 가장 흔한 유형이며, 이런 사람은 관계를 보호하기 위해 쉽게 용서한다. 그러나 이런 용서는 겉으로는 아무런 문제가 없는 것처럼 행동하지만, 속으로는 피를 흘리고 있을지 모른다. 둘째, 소극적 공격형: 이런 사람은 자신의 욕구를 억제하고 금방 상대방을 용서한다. 그러나 겉으로는 미소 짓고 있지만, 속은 부글부글 끓고 있으므로 겉으로는 모든 것을 용서한 것처럼 보이지만 실제로는 아무것도 용서한 것이 없다. 셋째, 자기희생형: 자기를 희생하는 사람은 남을 먼저 생각하는 사람으로 남을 원망하지 않고 너그러운 마음으로 사람을 용서하는 것을 즐긴다. 그러나 자기희생적인 사람이 내용이나 상황에 대한 동의 없이 자신의 선천적인 기질에 의하여 기계적으로 용서하는 행위는 거짓 용서가 된다.

그녀는 "거짓 용서는 당신 자신 또는 가해자와 건전한 관계를 발달시킬 가능성은 물론 피해까지도 무시한다."고 말함으로 거짓 용서의 폐단을 언급하였다.

그녀는 용서를 거부하는 형태는 두 가지로 나타난다고 기술하였다. 첫째, 가해자를 적극적으로 공격한다. 둘째, 무관심으로 대응하면서 가해자의 파멸을 도모한다.

그녀는 자기애가 강한 사람은 일상적으로 용서를 거부할 소지가 많은 사람이라고 주장한다. 왜냐하면, 자기애가 강한 사람은 자신이 부당함을 받았거나, 부당함을 받았다고 느끼게 되면 자신의 유일한 수단인 보복을 선택하기 때문이다. 그러나 그녀는 용서를 거부하는 것은 일시적으로 상처받은 자존심을 회복시킨 것 같이 보이지만 증오만을 줄뿐이고, 자신과 화해하며 행복한 삶을 살려는 위대한 도전의 기회를 상실하게 된다고 기술한다.

그녀는 수용이란 '혼자서 떠나는 최상의 치유 여행'이라고 정의한다. 이것은 상처를 준 사람과 관계없이 독립적으로 용서하는 행위라고 말할 수 있다. 그녀는 수용의 방법으로 10가지를 제시하였다.

① 자신의 감정을 솔직하게 인정하기, ② 복수심 버리기, ③ 상처에 연연하지 않기, ④ 학대에 노출된 자신을 방어하기(미리 가해자에게 주의를 주고 필요하면 물리적인 방벽을 세우라), ⑤ 가해자의 입장에서 생각해 보기, ⑥ 자신의 잘못은 없었는지를 냉정하게 살펴보기, ⑦ 사실을 왜곡하거나 억측으로 상상하지 않기, ⑧ 죄는 미워해도 사람은 미워하지 않기, ⑨

상대와의 관계를 분명하게 설정하기, ⑩ 자신의 실패를 인정하고 용서하기.

그녀는 순수한 용서를 행복에 도달하는 순수한 화해라고 정의한다. 또한, 순수한 용서는 상처를 준 자가 진실한 후회와 아낌없는 보상으로 노력하고, 상처를 입은 사람은 그에 대한 분노와 복수의 욕망을 버리려고 노력할 때 이루어지는 것이라고 말한다. 그녀는 순수한 용서를 얻으려는 실천 방법으로 7가지를 제시하였다.

① 당신이 일으킨 피해에 책임을 져라(인정하라). ② 개인적으로 사과하라. ③ 잘못에 대해 구체적이고 명확하게 사과하라. ④ 깊이 그리고 낱낱이 사과하라. ⑤ 형식적이고 피상적인 사과는 용서받지 못한다. ⑥ 꾸밈없이 담백하게 사과하라. ⑦ 적극적으로 반복해서 사과하라(한 번에 용서받지 못할 심한 상처를 준 경우).[46)]

에드워드 M. 할로웰(Edward M. hallowell)은 자신의 책에서 "용서할 때 당신은 분노라는 기생충이 서서히 죽어가는 것을 지켜볼 수 있으며, 용서는 당신이 다른 사람에게 주는 선물이다. 그러나 당신에게 주는 선물이기도 하다."라고 언급함으로 용서는 선물임을 강조하고 있다. 그는 자신이 소유한 「아메리칸 헤리티지 칼리지 사전」(*American Heritage College Dictionary*)을 인용하여 용서란 '누군가를 향한 분노와 원한을 포기하는 행위'라고 정의하고, 용서는 선택의 행위로써 결심에서 시작된다고 말하였다.

그는 용서하는 구체적인 방법으로 4가지를 제시하였다. ① 고통과 상처: 당신이 상처받았다는 사실을 인정하라. ② 재현과 분석: 상처받은 뒤에 고통스러운 기억들이 밀려오더라도 신념의 힘으로 버티면서 본능적 반응에 휩쓸리지 않도록 저항하라. ③ 문제 해결을 위하여: 현명하게 생각하고, 기도하고 묵상하라. 당신이 용서할 때 세상이 더 나아지고, 당신에게도 용서받을 것이 있다는 사실을 기억하라. ④ 점검과 전진: 분노의 감정이 꿈틀거릴 때마다 그런 감정을 단호히 날려버리고, 용서의 행위를 통해서 성장을

---

46) Janis A. Spring, *How can I forgive you?*, 양은모 역, 「용서의 기술」 (서울: 메가트렌드, 2009), 26-221.

모색하라.

그는 "용서는 과거를 바꿀 수 있다는 희망을 버리는 것이다… 분노와 원망을 털어버리고 미래로 나아가야 한다." 라고 언급하면서, 용서는 단순히 미움과 원망을 용서하는 것에 끝나는 것이 아니라 과거를 잊고 소망의 미래로 나아가는 행위이라고 주장하였다.[47)]

2) 성경적인 용서 비결

a) 주님의 절대명령

용서는 선택 사항이 아니라 반드시 순종해야 할 주님의 절대명령이다.

마 5:22 "나는 너희에게 이르노니 형제에게 노하는 자마다 심판을 받게 되고 형제를 대하여 라가라 하는 자는 공회에 잡혀가게 되고 미련한 놈이라 하는 자는 지옥 불에 들어가게 되리라."

'노하는 자' 와 '*라가(ρακα, 라카*; 머리가 텅 빈)' 과 '미련한 놈' 은 형제를 미워하는 마음에서 나온 행위임을 강조하기 위한 표현이고, '심판' 과 '공회' 와 '지옥 불' 은 형제를 미워하는 죄는 심판받아야 할 영적 살인죄에 해당하는 것을 강조하기 위해 비슷한 의미의 어휘들을 반복적으로 사용하는 수사학적 표현(Rhetorical Expression)이다.

주님께서는 용서를 넘어 마 5:44 "나는 너희에게 이르노니 너희 원수를 사랑하며 너희를 박해하는 자를 위하여 기도하라." 라고 원수까지도 사랑하며 박해하는 자를 위해 기도할 것을 명령하고 계신다.

베드로는 용서의 한계로 마 18:21 "그때에 베드로가 나아와 이르되 주여 형제가 내게 죄를 범하면 몇 번이나 용서하여 주리이까 일곱 번까지 하오리이까." 라고 인간의 능력으로 거의 불가능한 횟수인 일곱 번을 제시하

---

47) Edward M. Hallow, *Dare to Forgive*, 강주헌 역, 「용서해야 할 101가지 이유」 (서울: 동아일보사, 2006), 12-101.

였다. 그러나 주님은 마 18:22 "일곱 번을 일흔 번까지라도 할지니라." 라고 명령하셨다. 이것은 하나님께서 인간을 용서하신 것처럼 끝까지 완벽하게 용서하라는 것이다.

주님은 '무자비한 종' 의 비유(마 18:23-35)를 통하여 이것을 다시 한 번 강조하고 계신다.

일만 달란트[48]를 빚진 종이 잡혀 주인에게 왔다. 종은 주인에게 필사적으로 매달렸고, 불쌍히 여긴 주인은 종의 빚을 면제해주고 풀어주었다. 종은 풀려 나오는 길에 자신에게 백 데나리온[49]을 빚진 동관(συνδουλος, 쉰둘로스; 함께 종된 자)을 만나 갚으라고 요구하였다. 심지어 동관의 간청에도 그를 옥에 가두었다.

이것을 본 동관들은 주인에게 이 사실을 고하였다. 주인은 분노하여 종을 불러서 이를 책망하고, 빚을 다 갚도록 그를 옥졸들, 즉 '고문자, 간수' 에게 붙이면서, 마 18:35 "너희가 각각 마음으로부터 형제를 용서하지 아니하면 나의 하늘 아버지께서도 너희에게 이처럼 하시리라." 라고 말하였다. 이것은 용서는 하나님께서 신자에게 주신 절대명령임을 의미한다.

이 예화는 로렌 커닝햄(Loren Cunningham)과 제니스 로저스가 함께 쓴 책에 기록되어 있는 예화이다.[50]

제2차 세계 대전이 일어나기 직전 파리에 '앙리코' 라는 남자가 살고 있었다. 그는 건설 업자였고, 예수 그리스도를 영접하고, 얼마 지나지 않은 어느 날 밤 목재가 쌓여 있는 밖의 뜰을 거닐게 되었다.

---

48) 한 달란트는 미화 1200달러이므로 일만 달란트는 천이백만 달러에 해당하는 금액이다. 참고: Ho Wayne House, *Chronological and Background Charts of the New Testament*, 박용성 역, 「차트 신약 연대표 및 배경사」 (서울: 기독교문서선교회, 1999), 24.

49) Ibid., 24. 데나리온은 미화 20달러이므로 백 데나리온이란 2000달러에 해당하는 금액이다.

50) Loren Cunningham and 제니스 로저스, *Making Jesus Lord,* 예수전도단 역, 「네 신을 벗으라」 (고양시: 예수전도단, 2007), 101-2.

그는 두 사람이 트럭에서 내려 목재가 있는 곳으로 가는 것을 보았다. "주님 제가 어떻게 할까요?" 그는 주님께 기도하였다. 그는 그들에게 다가가 트럭에 목재를 싣는 것을 도와주었다. 몇 분 후에 그는 그들에게 "이 목재들을 어디에 사용하려고 합니까?" 묻게 되었다. 그들이 용도를 말하자 "그렇다면 서쪽 나무들이 좋겠군요." 트럭이 가득 찼을 때 한 사람이 "제법 쓸모 있는 도둑이군." 앙리코에게 말했다. "나는 도둑이 아니요. 왜냐하면, 이곳은 내 땅이고 이 목재들은 전부 내 것이기 때문이오." 그들은 소스라치게 놀랐다.
앙리코는 "두려워 마시오 … 내가 보기에 당신들은 어떻게 사는 것이 올바른 것인지 모르는 것 같소. 당신들에게 그것을 가르쳐 주고 싶소. 이 목재를 가져가도 좋으니 우선 내 말을 잘 들으시오." 두 사람은 그의 말을 듣고, 사흘이 지나지 않아 그리스도를 영접하였다. 후에 한 사람은 목사가 되었고, 한 사람은 장로가 되었다.

용서는 신자들이 자신의 삶 가운데 마땅히 행해야 할 주님의 지상 명령이다.

b) 용서의 방법

① 하나님의 방법

구약성경에서 아브람을 제외하고, 용서와 희생의 시험을 완벽하게 통과한 인물로 요셉을 들 수 있다.

요셉은 자신이 꾼 두 가지 꿈을 형들에게 이야기함으로 형들의 미움을 사서 형들에 의해 미디안의 상인들에게 팔렸다(창 37:1-28). 미디안 상인들은 요셉을 애굽으로 데리고 가서 바로의 신하 시위대장 보디발에게 팔았고(창 37:28, 36), 요셉은 시위대장 보디발의 하인으로 고통스러운 삶을 살게 되었다.

창 39:3 "그 주인이 여호와께서 그와 함께 하심을 보며 또 여호와께서 그의 범사에 형통하게 하심을 보았더라." 라는 말씀처럼 보디발은 하나님의 은혜로 요셉이 맡는 일마다 번성하고 형통하게 됨을 알게 되고, 요셉을 자기의 소유를 관리하는 가정총무로 삼았다(창 39:4). 요셉이 가정 총무로 어느 정도 안정된 삶을 살게 되자 또다시 고난이 찾아왔다. 보디말의 아내가 날마다 그를 유혹하며 동침을 요구하지만, 요셉은 동침의 요구를 완강하게 거절하였다(창 39:10). 그러나 요셉이 시무하러 가고 그 집에 아무도 없을 때 보디말의 아내는 옷을 잡고 동침을 요구하였다. 요셉은 자기 옷을 버리고 도망 나왔다.

아내는 주인이 돌아오자 요셉이 자신을 희롱하러 왔다가 자신이 소리 지르자 옷을 버리고 도망갔다고 모함하였다(창 39:14). 보디발은 심히 분노하여 요셉을 잡아 왕의 감옥에 가두었다. 성경에는 기록되어 있지는 않지만, 감옥에 갇힌 요셉은 이러한 처지가 되게 한 형들에게 미움을 넘어 심한 원한을 갖게 되었을 것이다.

요셉은 감옥에서 하나님의 섭리로 술 맡은 관원장의 꿈을 해몽해주었다. 술 맡은 관원장이 풀려난 지 2년이 지난 후에 애굽의 왕은 연속하여 두 번의 꿈을 꾸었고, 애굽의 술객과 박사들은 그 꿈들을 해몽할 수 없었다. 바로 그때 하나님의 섭리로 술 맡은 관원장은 요셉을 생각하였다. 요셉은 감옥에서 풀려나와 왕 앞으로 인도되었다. 요셉은 왕의 꿈은 앞으로 올 7년 풍년과 흉년을 말하는 것이라고 해몽해주었다. 그는 흉년이 너무 심하여 애굽이 기근으로 생존의 위협을 받게 될 것과 하나님께서 정하신 일임으로 속히 올 것임을 경고하였다. 또한, 요셉은 명철과 지혜가 있는 자를 택하여 애굽 땅을 다스리게 하라고 조언하였다(창 41:32-33). 애굽 왕은 이 일의 적임자로 요셉을 지명하고, 애굽의 총리로 삼았다(창 41:41).

애굽에 기근이 왔을 때, 가나안 땅에도 기근이 찾아왔다. 아버지 야곱은 식량이 있는 애굽으로 요셉의 형들인 10명의 자식을 보내고, 형들은 애굽의 총리인 요셉에게 절하였다. 요셉은 형들을 알아보았지만, 형들은 알아보지 못하였다(창 42:6-8). 성경은 침묵하고 있지만, 이때 요셉의 마음은 심한 분노와 미움과 원망과 원한으로 가득할 수도 있었지만, 요셉은 평정심을 잃지 않고 그들이 베냐민을 데리고 올 수밖에 없는 상황을 만들었다.

기근이 심하여지자 식량을 구하기 위해 형들은 베냐민을 데리고, 애굽을 방문함으로 2차 재회를 하였다. 2차 재회에서 요셉이 자신의 신분을 형들에게 밝히자 형들은 심히 두려워하였다. 그러나 요셉은 창 45:5 "당신들이 나를 이곳으로 팔았다고 해서 근심하지 마소서 하나님이 생명을 구원하시려고 나를 당신들보다 먼저 보내셨나이다."라는 말로 자신은 이미 형들을 용서했음을 말하였다.

요셉은 그의 가족을 애굽으로 초청하였다. 이것은 자신의 정적들에게 약점을 제공함으로 총리직을 수행하는데 큰 장애가 될 수 있는 결정이었다. 그러나 요셉은 이런 위험을 감수하면서도 자신의 가족들을 애굽 땅으로 초청하였다. 이것은 용서가 희생의 행위로 진전된 것이다.

요셉이 용서의 시험을 통과할 수 있었던 비결로 로버트 모리스(Robert Morris)는 자신의 책에서 창 50: · 15-21의 본문을 들어 하나님의 용서 방법으로 형들이 저지른 허물을 완전히 마음에서 지워버리고 그 죄를 용서해 주게 되었다고 제시하였다.[51)]

첫째, 벧전 2:24 "친히 나무에 달려 그 몸으로 우리 죄를 담당하셨으니." 하나님께서는 아담의 죗값을 치르시기 위해 독생자 예수 그리스도를 십자가에서 못 박아 죽이시고, 부활하게 하셨다. 둘째, 사 43:25 "나 곧 나를 위하여 네 허물을 지워 없애는 자니 네 죄를 기억하지 아니하리라." 회개하고 예수 그리스도를 주님으로 믿는 자마다 아무 조건 없이 그의 모든 죄를 용서해주셨다. 셋째, 요 1:12 "영접하는 자 곧 그 이름을 믿는 자에게 하나님의 자녀가 되는 권세를 주셨으니." 당신의 자녀가 되는 축복과 권세를 주셨다.

요셉은 하나님의 용서 방법으로 자신의 형들을 용서하고, 정적들의 공격으로 자신의 정치적 생명까지도 위태롭게 될 수 있는 위험을 감수하면서

---

51) Robert Morris, *from Dream to Destiny,* 정문욱 역, 「하나님의 시험」 (서울: 예수전도단, 2007), 196-9.

자신의 가족을 애굽으로 초청하여 기근으로부터 구해주었다. 그러므로 여러 학자와 주석가는 요셉을 예수님의 모형이라고 말한다.

② 긍휼히 여기는 마음

요일 1:8 "만일 우리가 죄 없다고 하면 스스로 속이고 또 진리가 우리 속에 있지 아니할 것이요", 롬 3:9 "유대인이나 헬라인이나 자 죄 아래 있다고 우리가 이미 선언하였느리라."

성경은 인간은 인종과 성별과 나이에 관계없이 모두 죄 아래 있다고 선언한다. 인간은 누구나 죄 많은 연약한 존재이고, 인간은 누구나 "무심코 던질 돌에 개구리가 맞는다."라는 옛말처럼 자신도 모르게 무심코 한 말이 다른 사람에게 큰 상처를 줄 가능성을 갖고 있다. 또한, 내가 상처받는 동일한 말로 다른 사람에게 상처를 주었을지도 모른다. 따라서 인간은 서로 약점과 단점에 대해 비난하고 미워하기보다는 서로 불쌍히 여기고, 용서하는 마음을 가져야 한다. 이것은 원한과 미움의 상처를 치유하고 용서로 이끄는 첫걸음이라고 말할 수 있다.

③ 보혈의 능력을 입음

에드웨드 M. 할로웰의 책 중에 <배신자를 용서하라>라는 소제목의 글에서 자신을 그린즈버러에서 윈스턴세일럼까지 데려다 준 택시 기사와 나눈 대화를 바탕으로 주님의 십자가 보혈의 능력을 입은 한 신자가 인간의 이성으로 이해할 수 없는 용서 능력을 보여준 실화를 기록하고 있다.[52)]

> 어느 날 그에게 중대한 임무가 떨어졌다 … 두 경관과 함께 한 조직범죄의 단원을 다른 교도소로 이송하는 임무였다 … 두 경관이 쓰러지는 모

52) Edward M. Hallow, *Dare to Forgive*, 강주헌 역, 「용서해야 할 101가지 이유」, 229-33.

습이 보였다. 그 순간 그도 등 뒤에서 날카로운 통증을 느꼈고 의식을 잃었다.
헨리의 상관이 85만 달러의 뇌물을 받고 조직범죄단에 호송차의 이동 경로를 알려준 것이 밝혀졌다 … 반신불수가 되었다.
그 후 2년 동안 헨리는 노련한 간호사의 도움을 받아가며 필사적으로 물리치료에 매달렸다 … 두 다리를 완전히 사용할 수 있게 되었다… 헨리의 영원한 반려자가 되었다.
나는 헨리에게 그를 배신한 상관은 어떻게 되었냐고 물었다. "한동안 감옥에서 지내야 할 겁니다." 라고 대답했다.
… …
"그럼요. 그가 교도소에 투옥된 직후에 그를 만나러 갔습니다… 그가 하나님을 통해 용서를 구할 수 있길 기도하겠다고 말했습니다… 어떻게 지내는지 만나보고 싶네요."
"하지만, 헨리, 그 사람은 당신을 죽이려고 했잖아요. 그 때문에 반신불수가 되었고요. 그런데도 그를 용서할 수 있었습니까?"
"사랑의 힘에 마음의 문을 열어보세요. 그럼 누구나 용서할 수 있습니다. 우리는 하나님의 독생자를 죽였습니다. 하지만, 하나님께서는 우리를 용서하셨습니다. 그런데 내가 어떻게 그를 용서하지 않을 수 있겠습니까?"

"사랑의 힘에 마음의 문을 열어보세요." 라는 헨리의 권면은 주님의 십자가 보혈의 능력을 받아들이는 것을 말한다. 신자가 주님의 십자가 보혈의 능력을 입으면 마음에 용서의 샘이 넘쳐 원수까지도 용서할 수 있게 된다.

④ 성령 충만함

주님은 신자가 형제를 용서하는 것에 끝나지 않고, 마 5:44 "나는 너희에게 이르노니 너희 원수를 사랑하며 너희를 박해하는 자를 위하여 기도하라." 라고 원수를 사랑하며 그들을 위해 기도하는 것까지 나아갈 것을 명령하신다.

형제를 용서하는 것도 심히 어려운 일인데 원수를 사랑하는 것은 인간의 힘으로는 도저히 불가능한 일이다. 그러나 주님은 신자에게 가능하다고 말씀하고 계신다. 왜냐하면 주님은 신자가 원수까지 사랑할 수 있는 주님 사랑의 능력을 주시기 때문이다. 주님의 사랑이 신자에게 임하면 신자는 용서할 수 없는 원수까지 용서를 넘어 사랑할 수 있는 차원 높은 삶을 살게 된다.

주님의 사랑은 인간의 노력과 지식으로 얻어지는 것이 아니다. 또한, 수행과 금욕주의적인 삶을 통해서도, 오랫동안 형식적인 종교 생활을 통해서도 얻을 수 없다. 이것을 얻을 수 있는 유일한 방법은 하나님께 기도함으로 성령 충만함을 받아야 한다.

성령 충만하게 되면, 갈 5:22 "오직 성령의 열매는 사랑과 희락과 화평과 오래 참음과 자비와 양선과 충성과." 라는 말씀에 기록되어 있는 성령의 열매인 사랑을 실천할 수 있게 된다. 그러므로 성경은 살전 5:17 "쉬지 말고 기도하라." 라고 명령한다.

1948년 10월 19일 여수-순천 반란 사건이 일어났다. 10월 21일 순천사범대학에 다니고 있던 손양원 목사의 첫째 아들인 동인과 순천중학교에 다니고 있던 둘째 아들인 동신은 좌익들에게 '예수쟁이' 로 인민재판에 회부되었다. 그들은 "예수를 믿지 않겠다고 약속하면 살려주겠다." 라고 두 형제를 설득했지만, 형제는 그들의 설득을 거부함으로 총살당하게 되었다.

그 후 반란이 진압되고 두 아들을 죽인 안병전이 계엄 사령부에 체포되어 총살당할 처지가 있게 되었다. 이 소식을 들은 손양원 목사는 가해자의 구명 운동을 적극적으로 전개하였고, "원수를 사랑하라는 말씀은 하나님의 계명이니 반드시 지켜야 한다." 라고 반대하는 자신의 딸과 가족들을 설득하였다.

마침내 계엄 사령부의 형 집행 담당자에게 감동을 줘 사형 집행이 정지되었고, 안병전은 출소하였다. 손 목사는 가족들의 반대에도 그를 용서하는 것에 끝나지 않고, 양아들로 삼아 손병전이라는 이름까지 지어주었다. 그리

고 그를 부산 고려고등학교에 입학시키고, 그 친부모도 예수님을 영접하게 함으로 구원받게 하였다.[53]

손양원 목사는 용서를 넘어 그를 불쌍히 여기고 사랑하게 된 것이다. 이 것은 인간의 노력으로 이루어진 것이 아니라 성령님께서 당신의 영으로 충만한 자를 통하여 이루신 열매이다.

3) 결론

스프링은 국제용서 연구소 "용서하는 사람들은 용서의 역설을 발견한다, 즉 우리가 남에게 자비와 너그러움과 도덕적 사랑을 줄 때, 우리 자신이 치유된다."와 루이스 스미디스 "가끔 용서의 첫 번째이자 유일한 수혜자는 바로 용서하는 사람이다."라는 두 글을 인용하여 "용서는 용서하는 자를 치유하는 능력이 있다."라고 말하였다.[54]

필립 얀시(Philip Yancey)는 유대인 철학자 아렌트(Hannah Arendt) "역사의 불가피한 일들에 대한 유일한 처방은 용서로서, 용서가 없이는 회복 불능의 궁지에 발이 묶일 뿐이다."라는 주장을 인용하여 개인뿐만 아니라 역사의 무대에서 불가피하게 발생한 사회와 민족과 국가 간의 갈등과 반목에 대한 용사도 절실히 필요함을 말하였다. 동시에 그는 "용서하지 않을 때 과거의 감옥에 갇히며 변화의 잠재력이 차단된다."라고 말하고, 그는 결론적으로 용서는 높은 도덕률을 충족시키기 위한 것만은 아니고 바로 자신을 위한 것이라고 주장하였다.[55]

용서를 거부하는 것은 자신을 과거와 감정의 감옥에 가두어 자신을 더욱 고통스러운 삶을 살게 하는 가학적인 행위이다. 왜냐하면, 과거와 감정의 감옥에 갇혀 있는 동안 자신의 마음은 더 큰 미움과 증오만을 낳고, 더 큰

53) 한경호, 「눈물로 씨를 뿌린 사람들」 (서울: 지상사, 2009), 229-31.
54) Janis A. Spring, *How can I forgive you?*, 양은모 역, 「용서의 기술」, 187
55) Philip Yancey, *What's So Amazing About Grace?*, 윤종석 역, 「놀라운 하나님의 은혜」 (서울: IVP, 1999), 114-5.

미움과 증오 때문에 절망적인 삶을 살게 되기 때문이다. 이 절망적인 삶을 벗어나는 유일한 길은 용서함으로 과거와 감정의 감옥에서 해방되는 것이다.

용서는 진정한 의미에서 상처를 준 사람보다는 상처를 받는 사람이 천국의 기쁨과 행복을 맛볼 수 있도록 하나님께서 주신 최상의 선물 중 하나라고 말할 수 있다.

E. 제5시험: 인간적 방법의 시험(창 15:1-16:16)

아브람이 하란 땅을 떠날 때 향년 75세였다(창 12:4). 아브람이 떠나기 전 하나님께서는 아브람에게 창 12:2 "내가 너로 큰 민족을 이루고 네게 복을 주어 네 이름을 창대하게 하리니 너는 복이 될지라."라고 분명하게 약속하셨다.

해밀턴(Victor P. Hamilton)은 자신의 책에서 하나님께서 족장들(The Patriarchs)에게 5가지 대표적인 약속을 하셨다고 기술하였다: ① 한 아들의 탄생(The Birth of A Son), ② 자손의 창대(The Increase of Descendants), ③ 땅(Land), ④ 신의 현존(Divine Presence), ⑤ 축복(Blessing).[56]

아브람이 가나안 땅에 도착하여 여러 해가 지나자 하나님의 약속에 따라 물질적으로 부유하게 되었지만, 가장 중요한 아들 없음의 문제가 해결되지 않았다. 아브람은 아들 없음의 문제를 스스로 해결하기 위해 두 번의 인간적 방법을 취하게 되었다.

1) 두 번의 인간적 방법

a) 양자

아브람은 창 15:2 "나는 자식이 없사오니 나의 상속자는 이 다메섹 사람 엘리에셀이니이다."라는 자신의 말씀처럼 종 엘리에셀을 양자로 삼으려고 하였다. 아브람의 이 결정은 하루아침에 이루어진 것이 아니었다. 아브

56) Victor P. Hamilton, *Handbook on The Pentateuch*, 86.

람과 사래는 하나님의 자식에 대한 약속을 믿고 매일 기도했다. 심지어 부부는 현대 신자들이 하는 것처럼 작정 기도도 수없이 하였다. 그러나 그들은 더욱 실망과 좌절에 빠지게 되었다. 왜냐하면, 아들 없음의 해결에 어떤 징조도 가시적으로 전혀 나타나지 않았기 때문이다.

아브람과 사래는 더는 참을 수가 없는 한계 상황에 도달하여 하나님의 약속만을 기다릴 수 없게 되었다. 그들은 다메섹 출신의 종으로 평소에 성심을 다하여 아들처럼 그들을 섬겨온 엘리에셀을 양자로 삼기로 하였다. 해밀턴은 "나는 이런 계략을 누지 서 판(Nuzi Tablets)의 주전 15세기 설형문자의 본문에서 유사(Analogy)를 본다."라고 기술하였다. 이 기술은 아브람이 엘리에셀을 양자로 삼으려고 한 결정은 하나님의 뜻과 상관없이 오로지 고대 사회의 전통에 따른 결정임을 암시적으로 말하고 있다. 그 당시 전통은 후사가 없는 경우에 충실한 종을 양자로 삼아 재산을 상속해주고 노후를 의탁하였다.[57)]

아브람은 절망한 나머지 불신에 빠져서 고대 사회의 전통에 따라 엘리에셀을 양자로 삼아 자식 없음의 문제를 스스로 해결하려고 시도하였지만, 하나님께서는 창 15:4 "네 몸에서 날 자가 네 상속자가 되리라."라고 말씀하셨다. 성경에는 기록되어 있지 않지만, 아브람은 하나님께 항변했을 것이다. "나와 나의 아내는 자식을 낳기에는 너무도 늙었고, 그리고 너무도 지쳐서 더는 기다릴 수가 없어요." 하나님께서는 그런 아브람을 측은 하게 보시고, 그를 밖으로 데리고 가시어 창 15:5 "하늘을 우러러 뭇별을 셀 수 있나 보라 또 그에게 이르시되 네 자손이 이와 같으리라."라고 말씀하시며 하늘에 수많은 별과 같이 자식을 반드시 주실 것을 아브람에게 약속하셨다.

b) 동침

창 16:1 "아브람의 아내 사래는 출산하지 못하였고."라는 말씀은 창 15장에서 하나님께서 분명하게 약속하셨음에도 아브람의 아내 사래는 여전히

---

57) Victor P. Hamilton, *Handbook on The Pentateuch*, 90.

아들을 생산하지 못하는 절망적인 상태에 놓여 있음을 말하고 있다. 이때는 아브람의 일행이 가나안 땅에 온 지 10년으로 아브람은 85세, 사래는 75세였다(창 16:3).

아브람과 사래는 하나님께서 하늘의 수많은 별을 통해서 자손의 번성함을 분명하게 약속하셨음에도 한 명의 자식도 가시적으로 주시지 않으므로 더욱 절망하고 불신앙에 빠졌다.

"아무리 하나님께서 약속하셨다고 해도 늙은 우리가 어떻게 자식을 낳을 수가 있겠어요. 하나님께서도 우리의 나이 때문에 별도리가 없을 거예요. 하나님께서는 불가능한 일을 우리에게 약속하셨음이 틀림없어요."

그들을 가장 괴롭히는 것은 하나님께서도 자신들의 나이 때문에 어떻게 하실 수 없다는 생각이었다. 그들은 불신앙과 절망으로 말미암아 더는 기다릴 수 없게 되었다. 특히 사래는 75세 고령의 나이로 더욱 절망의 끝에 서 있었다. 왜냐하면, 사래는 신체적 생리적 변화 때문에 자신이 자식을 낳을 수 없는 나이가 되었다는 것을 분명하게 느끼고 있었기 때문이었다.

부부는 엘리에셀을 양자로 삼으려고 할 때와 마찬가지로 오랜 시간 머리를 맞대고 상의에 상의를 거듭하였다. 그들은 자식 없음의 문제를 단시일 내에 완벽하게 해결할 수 있는 인간적 방법을 사래의 주도 아래 찾게 되었다.

해결의 방법은 뜻밖에도 가까이 있었다. 창 16:1 "그에게 한 여종이 있으니 애굽 사람이요 이름은 하갈이라."라는 말씀처럼 해결의 방법은 바로 사래의 몸종 하갈이었다. 사래는 아브람에게 창 16:2 "내 여종에게 들어가라."라는 제안을 하게 되고, 아브람은 사래의 제안대로 하갈과 동침하였다.

이것은 에덴동산에서도 있었던 일이었다. 창 3:6 "여자가 그 열매를 따 먹고 자기와 함께한 남편에게도 주매 그도 먹은지라."라고 아담과 하와가 선악과를 따 먹는 사건을 이렇게 한 절로 간단하게 기록하고 있지만, 이들 부부간에는 수많은 논의 과정이 있었고, 부부가 의견 일치를 보기까지는 상당한 시일이 소요되었다. 사래가 아브람에게 제안한 것처럼 하와도 합리적이고 이성적인 이유를 들어 아담을 설득하였을 것이다.

구약 외경인 제일 에스드라(3:1-5:6)를 보면, 바사(페르시아) 다리오 왕 때 세 젊은이는 "이 세상에서 무엇이 가장 강한 것인가?" 에 대해 내기를 하였다. 세 젊은이는 자신이 제일 강하다고 생각하는 것을 써서 봉투에 넣어 봉한 다음 왕의 베개 밑에 집어넣기로 하였다.

다음 날 왕이 잠에서 깨자 왕의 호위병인 세 젊은이는 지난밤의 내기를 아뢰게 되었다. 왕은 심사를 위해 대신들을 불렀다. 어전에서 세 젊은이는 자신들의 주장에 대해 변론하였다. "술이 제일 강하다." 라고 쓴 한 젊은이가 제일 먼저 변론하였다. "술은 마신 자를 혼미케 합니다. 술만 마시면 왕이나 고아, 노예나 자유인, 부자나 알거지나 똑같아집니다. 술은 사람으로 하여금 엄청난 일을 하게 합니다. 그러므로 술이 가장 강합니다."

"왕이 가장 강하다." 라고 쓴 두 번째 젊은이가 변론하였다. "왕의 명령이면 모든 사람이 일언 직하에 복종합니다. 모든 사람을 복종시키는 왕이 어찌 세상에서 가장 강하다 하지 않을 수 있겠습니까?"

세 번째 젊은이, 스룹바벨이 등장하였다. "위대한 왕을 낳고, 강한 술을 만드는 사람을 낳는 것은 여자입니다. 용사는 애써 약탈한 것을 자기 사랑하는 여인에게 줍니다. 그러므로 여자는 술과 왕보다 강합니다. 그러나 여자보다 더 강한 것이 있습니다. 진리입니다. 능력도 왕권도 권세도 위엄도 모두 진리에 속한 것입니다."

다리오 왕은 스룹바벨을 승자로 지명하였고, 왕은 스룹바벨의 소원을 들어주어 조서를 내림으로 유대인들이 막대한 금액과 특권을 가지고 본국으로 돌아갈 수 있게 되었다.[58)]

이것은 개신교가 인정하지 않고 있는 외경의 내용이지만 "여자는 남자를 움직이는 강한 힘을 가지고 있다." 라는 제한적인 의미는 수용할 수 있고, 아브람과 사래, 아담과 하와의 경우에서 볼 때 이것은 어느 정도 사실이다.

---

58) Bruce M. Metzger, *An Introduction The Apocrypha*, 민영진 역, 「외경이란 무엇인가」 (서울: 컨콜디아서, 1990), 20-2.

아담과 하와, 아브람과 사래 두 부부의 인간적 방법은 인류에게 치명적인 결과를 가져오게 되었다. 아담과 하와는 "선악과를 따 먹게 허락하소서."라고 기도하고 그 기도가 응답하지 않을 때, 극단적인 인간적 방법, 즉 자신들이 직접 선악과를 따 먹음으로 온 인류가 사망 아래 신음하게 하였다.

그들의 인간적 방법 때문에 인류는 '하나님과 분리, 인간과 인간과의 분리, 자신과의 분리, 자연과의 분리' 라는 고통스러운 삶을 예수 그리스도께서 오실 때까지 살아야 하는 절망적인 상태에 처하게 되었다. 주님이 오심으로 주님의 십자가 중재로 모든 분리는 회복되었지만, 계 21:4 "다시 사망이 없고 애통하는 것이나 곡하는 것이나 아픈 것이 다시 있지 아니하리니." 라는 말씀에 기록되어 있는 거룩한 성, 새 예루살렘에 신자가 들어가기 위해서는 반드시 죽음의 계곡을 통과해야 하는 고난이 여전히 남겨져 있다.

현실적으로 볼 때, 아브람은 아내 사래의 제안을 받아들일 수밖에 없는 상황이다. 왜냐하면, 아브람의 나이 85세이고 사래는 75세로, 사래는 경수가 끊어지기 직전으로 생물학적으로 임신할 수 없는 상태였기 때문이다. 사래는 자신의 생리적 상태를 남편에게 상세하게 설명하였을 것이다. 이에 따라 아브람은 하나님의 약속 말씀보다 자신의 아내가 생물학적으로 자식을 낳을 가능성이 없다는 냉혹한 현실을 받아들여야만 했다.

아브람 부부는 하나님의 뜻에 맞지는 않지만, 차선의 방법인 '대리모, 하갈' 이라는 방법을 선택하였다. 이것은 그들이 처한 상황에서 볼 때 하나님께서 승인해주실 수 있는 차선의 방법일 수 있다. 그러나 이것은 가족 및 세계의 역사에 큰 고통과 짐을 준 최악의 선택이 되었다.

2) 위기와 짐

a) 가족의 위기

① 첫 번째 위기(The First Crisis)

첫 번째 위기는 그들이 문제 해결의 열쇠로 선택한 하갈을 통하여 왔다.

하갈은 아브람과 동침한 즉시 임신하였고, 아브람과 사래는 자신들의 계획이 성공했음과 자신들에게 아들이 생겼으므로 매우 기뻐하였다. 부부는 너무도 기뻐 이웃들을 초청하여 큰 잔치를 베풀었다. 그리고 부부는 임신한 하갈을 극진하게 보살피며 하인들에게도 각별한 대접과 보호를 명하였다. 그러나 마귀가 교만이라는 가면을 쓰고 임신한 하갈의 마음에 옴으로 첫 번째 불행은 시작되었다.

임신한 하갈은 창 16:4 "그가 자기의 임신함을 알고 그의 여주인을 멸시한지라." 라는 말씀처럼 사래를 아이도 낳지 못한 천한 여자로 멸시하며, 심지어 자신이 아브람의 정부인인 것처럼 행동하였다. 사래는 자신이 최상의 방법으로 취한 하갈로부터 심한 모욕과 멸시를 당하였다. 그러나 사래는 창 16:5 "내가 받는 모욕은 당신이 받아야 옳도다." 라고 남편에게 책임 전가하며 원망하였다.

사래는 책임 전가에 그치지 않고, 창 16:5 "당신과 나 사이에 여호와께서 판단하시기를 원하노라." 라고 하나님 앞에서 시비를 가리자고 요구하는 무리수를 두었다. 칼빈(Calvin)은 "사래는 여기서 하나님의 성호를 부적당하게 이용하고 있다." 라고 주석하고 있다.[59)]

아브람은 가정의 평화를 위하여 사래의 처분에 하갈을 맡겼다. 이것은 하갈의 신분이 다시 사래의 노예로 복귀된 것을 말한다. 사래는 하갈을 학대하였다. 일부 학자는 사래가 하갈에게 매질하고 혹사했으리라고 주장한다(Ainsworth, Bush).[60)] 하갈은 주인의 학대를 못 이겨 도망하였지만, 창 16:9 "네 여주인에게로 돌아가서 그 수하에 복종하라." 라는 하나님의 명령에 순종하여 돌아옴으로 첫 번째 위기는 봉합된다. 하갈은 아브람의 나이 86세 때 아들 이스마엘을 낳았다(창 16:16).

---

59) John Calvin, *The First Book of Moses: Genesis*, 존 · 칼빈성경주석출판위원회 역,「칼빈 성경주석 1: 창세기 Ⅰ」, 413.

60) 이상근,「창세기」(대구: 1989, 175), 174.

② 두 번째 위기(The Second Crisis)

하나님의 약속대로 사라는 임신하여 아브라함이 100세, 사라가 90세일 때 아들 이삭을 낳았다. 아브라함 부부는 이삭이 만 3세가 되어 젖을 떼자 기념하기 위해 큰 잔치를 베풀었다. 잔치 현장에서 사라는 이스마엘이 이삭을 놀리는 광경을 목격하였다(창 21:9).

칼빈은 "성장한 청년이 갓난아기인 동생에게 멸시를 나타내고 있었다."[61], 펄키서(W. T. Purkiser)는 "이 당시 이스마엘의 행동은 그의 질투를 나타내었다."[62]라고 두 사람 모두 이스마엘이 악의적으로 이삭을 조롱했다고 주장하였다.

사라는 이스마엘의 악의적인 행동으로 보고 매우 흥분하였다. 사라는 남편 아브라함에게 하갈과 이스마엘을 즉시 쫓아내라고 요청하였다. 17년간이나 함께 산 소중한 아들을 쫓아내는 것은 아브람에게 너무도 고통스러웠다.

하나님께서 아브라함에게 나타나시어 사라의 말대로 모자를 보낼 것을 명령하시고, 아브라함이 하나님의 명령에 순종하여 하갈과 이스마엘을 쫓아냄으로 두 번째 가족의 위기는 해결되었다.

b) 세계 역사의 짐

하나님의 약속(창 17:20, 21:13)대로 창 25:12-18에 기록되어 있는 것처럼 이스마엘에서 12 방백이 나오고, 그 영토는 동쪽으로 하윌라에서부터 서쪽으로 애굽 앞 술 광야에 이르기까지 넓은 아라비아 사막 지역이 되었다. 이상근은 자신의 창세기 주석 책에서 "이슬람교의 조상으로 이스마엘은 하갈과 같이 메카에 장사 되었다고 한다."[63]라고 기술하고, 많은 학자와 주석가도 이 의견에 동조하고 있다.

---

61) John Calvin, *The First Book of Moses: Genesis*, 존 · 칼빈성경주석출판위원회 역, 「칼빈 성경주석 2: 창세기 Ⅱ」, 22.

62) W. T. Purkiser, *Exploring The Old Testament* (Kansas: Beacon Hill, 1955), 97-8.

과거에 기독교와 이슬람교는 계속적인 갈등과 반목으로 수많은 비극을 가져왔다. 이 반목과 갈등은 현대에도 계속되는 현재 진행형이고, 미래에도 계속될 미래 진행형이 될 것이다.

3) 네 가지 환경

신자가 하나님의 뜻과 상관없이 인간적 방법을 취할 가능성이 큰 환경으로는 네 가지를 들 수 있다. 첫째, 탐욕이 생겼을 때이다. 둘째, 하나님의 약속이 지연될 때이다. 셋째, 하나님의 뜻을 모를 때이다. 넷째, 하나님께서 침묵하실 때이다.

a) 탐욕

① 구약성경

첫째, 아간을 들 수 있다(수 7장).

이스라엘 백성은 난공불락의 여리고 성 함락 후 승리의 여세를 몰아 아이 성을 삼천 명의 군대로 침공하였지만, 이 침공에서 약 36명이나 죽고 퇴각하는 처참한 패배를 경험하였다. 원통한 여호수아는 옷을 찢고 하나님께 탄식 기도를 드렸고, 하나님께서는 수 7:11-13 "이스라엘이 범죄하여 … 온전히 바친 물건을 너희 가운데 제하기까지는 네 원수들 앞에 능히 맞서지 못하리라."라고 응답하셨다.

여호수아의 명령에 따라 이른 아침에 이스라엘 백성은 다 모여 제비로 범죄자를 뽑았다. 먼저 유다 지파가 뽑히고, 유다 지파의 세라 족속, 최종적으로 삽디의 손자인 아간이 뽑히게 되었다.

아간이 전쟁에서 취한 물건은 수 6:18 "너희는 그 바친 물건에 손대지

63) 이상근, 「창세기」, 265.

말라."라는 말씀처럼 하나님께 이미 바쳐진 물건으로 소유권이 하나님께 있었다. 그런데 아간의 마음에 탐심이 생기고, 사탄은 탐심을 통하여 아담과 하와를 미혹한 것처럼 아간을 유혹하여 "내가 약간의 물건을 숨겼다고 무슨 일어겠는가!"라는 자기 합리화에 빠지게 하였다. 아간은 수 7:21 "시날 산의 아름다운 외투 한 벌과 은 이백 세겔과 그 무게가 오십 세겔 되는 금덩이 하나를 보고 탐내어 가졌나이다."라는 자신의 고백처럼 하나님의 물건을 도적질하였다.

이스라엘 백성은 아간과 아들들과 딸들과 훔친 모든 것과 그들에게 속한 모든 것을 이끌고 아골 골짜기로 가서 돌로 죽이고 모든 것을 불사른 후 그들은 다시 아이 성을 침공하여 대승하였다.

둘째, 사울을 들 수 있다(삼상 15장).

사무엘 선지자는 사울에게 삼상 15:3 "지금 가서 아말렉을 쳐서 그들의 모든 소유를 남기지 말고 진멸하되 남녀와 소아와 젖 먹는 아이와 우양과 낙타와 나귀를 죽이라 하셨나이다."라는 하나님의 명령을 전하였다. 이 명령에 순종하여 사울은 군대를 거느리고 아말렉을 쳐서 정복하였지만, 두 가지 불순종을 범하였다. 첫째, 아말렉 왕 아각을 살려주었다. 둘째, 최상급의 가축은 남겨두고 낮은 것만 진멸하였다.

사울은 아간과 같이 욕심이 장성하여 하나님의 말씀에 불순종하는 죄를 지었다. 사울이 아말렉 왕 아각을 살려준 것은 아마도 그에게 어떤 보상을 바란 것임을 알 수 있다. 사울은 욕심에 사로잡혀 최상급의 가축은 남겨두었다.

이후 사울은 미래의 왕이 될 다윗을 질투와 사기함으로 그를 죽이는데 온 힘을 쏟게 되는 불행한 삶을 살게 되었다. 결국에는 사울은 자살하여 죽고, 삼하 1:10 "그가 엎드러진 후에는 살 수 없는 줄을 내가 알고 그 곁에 서서 죽이고 그 머리에 있는 왕관과 팔에 있는 고리를 벗겨서 내 주께로 가져왔나이다."라는 말씀처럼 아말렉 소년은 사울의 왕관과 고리를 취하여 다윗에게 가져왔다.

이 일에서 하나님의 반전을 볼 수 있다. 조호진은 자신의 책에서 "하나님께서는 다른 방법으로 사울을 죽이시지 않으셨습니다. 하나님께서는 철두철미하게 '사울의 불순종들을 사울이 맛보도록' 하시면서 죽게 하셨습니다." 라고 기술하고 있다.[64] 하나님께서는 사울의 불순종 방법을 사용하시어 사울의 마지막을 장식하셨다.

② 탐욕을 이기는 비결

주님은 탐욕을 이기는 비결로 마 16:24 "누구든지 나를 따라오거든 자기를 부인하고 자기 십자가를 지고 나를 좇을 것이니라." 라는 말씀에서 두 가지 비결을 제시하셨다. ① 자기를 부인하라. ② 자기 십자가를 지고 나를 좇아라.

월터 J. 챈트리(Water J. Chantry)는 자기 부인(Self-Denial)을 영적 형태로 나타난 자기 학대(Masochism)가 아니고, 십자가에 돌아가시고 부활하신 주님의 본을 받아 살아가는 것이라고 정의하였다. 그는 자기 부인을 하기 위해서는 먼저 자기를 기쁘게 하고, 자기를 위해 살아가게 하는 원동력이 되는 이기심과 자기중심적인 자아를 죽이라고 권면한다. 왜냐하면, 이것들을 내버려둬 놓으면 종국에는 탐심으로 발전하기 때문이다.[65]

챈트리는 "십자가를 진다는 것은 그리스도를 기쁘게 해 드리고, 자신의 고통을 받아들이고 자아를 죽이는 선택을 날마다 의지적으로 하는 것이다." 라고 정의하고 있다.[66] 따라서 "자기 십자가를 지고 나를 좇으라." 라는 것은 소극적으로는 날마다 이기심과 자기중심적인 자아를 죽이는 고통을 자원하여 감수하며 거룩한 삶을 살려고 몸부림치는 것을 말하고, 적극적으로는 하나님의 기쁨이 되는 이타적인 삶을 자신의 삶의 우선순위에 두고 온 힘을 다하는 것을 말한다.

---

64) 조호진, 「다윗 기다림과 자기부인의 영성」 (서울: 요단, 2003), 212-3.

65) Water J. Chantry, *The Shadow of The Cross*, 이용복 역, 「자기부인」 (서울: 규장, 2009), 2-32.

66) Ibid., 48.

자기를 철저하게 부인하고 주님이 주신 자신의 십자가를 지고 살아가는 신자는 하나님의 말씀 중심으로 이타적인 삶을 살게 되므로 이기심과 자기 중심적인 자아의 근저에 자리 잡고 있는 탐심을 물리칠 수 있다. 탐심을 물리치기 위해 신자는 기도로 자신의 무능함을 고백하며 성령님의 도우심을 구하고 성령님의 능력을 힘입어야 한다.

b) 하나님의 약속 지연

① 실패: 사울

삼상 13장을 보면 사울은 왕이 된 2년에 백성 중에서 삼천 명을 선택하여 근위병을 조직하여 이천 명은 자기와 함께 하고 일천 명은 블레셋 족속을 대비하여 요나단과 함께 베냐민 기브아에 배치하였다. 그러나 사울의 이러한 조치는 블레셋을 자극하여 블레셋의 대군이 쳐들어오게 되었다.

사울은 삼상 10:8 "너는 나보다 앞서 길갈로 내려가라 내가 네게 내려가서 번제와 화목제를 드리리니 내가 네게 가서 행할 것을 가르칠 때까지 칠 일 동안 기다리라."라는 사무엘 선지자의 명령에 순종하여 이레를 기다렸지만, 이레가 지나도 사무엘은 오지 않고, 군사들은 동요하며 일부 도망자도 생기게 되는 절체절명에 처하게 되었다. 사울은 사무엘을 대신하여 하나님께 전쟁의 승리를 위한 번제를 드리게 되었다(삼상 13:9).

사울의 편에서 볼 때, 이 선택은 차선책(Second Best)일 수 있다. 그러나 사무엘 선지자는 삼상 13:13 "왕이 망령되이 행하였도다."라고 사울을 책망하였다. 결과적으로 이 선택은 사울의 삶과 왕권을 불행에 빠트린 원인 중 하나가 된 최악의 선택이 되었다.

이 선택은 출 32장에서도 볼 수 있다. 하나님의 증거 판을 받기 위해 시내 산에 올라간 모세가 한동안 내려오지 않자 이스라엘 백성은 불안에 빠졌다. 그들은 그 불안을 잠재울 차선책으로 하나님의 형상인 금송아지를 만들었다.

인간의 편에서 조급한 마음의 차선책 선택은 하나님의 편에서 볼 때 차선책이 아니라 최악의 선택이 될 수 있다. 하나님께서는 신자를 통하여 하나님의 완전한 뜻(God's Perfect Will)이 성취되기를 원하고 계신다.

② 성공: 다윗

다윗은 대상 14:2 "다윗이 여호와께서 자기로 이스라엘의 왕으로 삼으신 줄을 깨달았으니."라는 말씀처럼 하나님께서 자신을 이스라엘 왕으로 세우셨음을 분명하게 깨닫고 있었다. 그러나 현실은 너무도 절망적이었다. 사울은 자신의 왕위를 지키려고, 다윗을 죽이기 위해 군사를 보내거나 군사들과 함께 직접 다윗을 좇아왔다. 다윗은 절망적인 도피를 해야 하였지만, 이 절망적인 상황을 호전시킬 수 있는 절호의 기회가 두 번이나 찾아왔다.

첫 번째는 엔게디 광야에서 찾아왔다.

삼상 24장을 보면, 사울은 블레셋과의 전쟁에서 돌아오자마자 다윗이 엔게디 광야에 있다는 소식을 듣고, 군사 삼천 명을 거느리고 다윗과 그의 사람들을 추적하여 광야에 도착하였다. 사울은 용변을 해결하기 위해 혼자서 다윗과 그의 사람들이 있는 굴로 들어와 무장을 해제하고 용변을 보았다. 밝은 곳에서 온 사울은 아무것도 볼 수 없었지만, 다윗과 그의 사람들은 어두운 동굴에서 오랫동안 있었기 때문에 사울을 분명하게 볼 수 있었다.

이것은 다윗이 자신의 정적을 제거하고 왕으로 등극할 수 있는 절호의 기회로 어쩌면 하나님께서 주신 기회일 수 있었다. 다윗의 사람들은 다윗에게 하나님께서 주신 기회이므로 사울을 죽일 수 있도록 허락해줄 것을 간청하였다. 그러나 다윗은 그들의 간청과 달리 사울의 겉옷 자락만 자르고, 자신의 사람들에게 삼상 24:6 "내가 손을 들어 여호와의 기름 부음을 받은 내 주를 치는 것은 여호와의 금하시는 것이니."라고 명령함으로 사울의 목숨을 구해주었다.

두 번째는 십 광야에서 찾아왔다.

삼상 26:1을 보면, 십 사람이 기브아에 와서 사울에게 다윗이 십 광야

앞 하길라 산에 숨어 있음을 보고하였고, 사울은 삼천 명을 택하여 다시 십광야로 가게 되었다.

다윗은 사울과 그의 군사가 자신을 따라온 것을 알고, 정탐꾼을 보내어 사울과 그 군대를 정탐하게 하였다. 정탐꾼들의 보고를 접하고, 밤에 다윗과 아비새는 사울의 진영에 침투하여 본즉 사울은 진 가운데 누워 자고 창은 머리 곁에 꽂혀 있고, 사울의 군대는 사울을 둘러 누워서 깊은 잠에 빠져 있었다.

아비새는 하나님께서 주신 기회이므로 창으로 사울을 찔러 죽일 수 있도록 허락해줄 것을 다윗에게 간청하였다. 다윗은 삼상 26:9 "죽이지 말라 … 여호와의 기름 부음을 받은 자를 치면 죄가 없겠느냐."라고 아비새의 간청을 거절하고, 사울의 머리 곁에서 창과 물병만을 가지고 왔다.

두 번의 기회에서 다윗이 인간적 방법을 취하지 않는 것에는 분명한 확신과 믿음이 있음을 알 수 있다. 첫째, 다윗은 두 번의 기회를 이용하여 사울을 죽이고 왕이 되었다면, 역사와 이스라엘 백성은 전대의 왕을 죽이고 왕위를 탈취한 자로 평가할 것이다. 둘째, 다윗은 하나님께서 당신의 계획을 반드시 당신의 방법으로 성취하실 것이다.

하나님의 약속이 지연될 때, 인간적 방법을 취하지 않을 수 있는 최상의 비결은 두 가지로 요약할 수 있다. ① 하나님의 계획은 선하다. ② 하나님께서 당신의 계획을 반드시 당신의 때에 당신의 방법으로 성취하신다.

c) 하나님의 뜻을 모름

게리 프리슨과 로빈 맥슨(Garry Friesen and J. R. Maxson)은 자신들의 책에서 하나님의 뜻(God's Will)을 세 가지 측면으로 구분하고 있다. 첫 번째 측면은 하나님의 주권적 뜻으로 우주 안에 일어나고 있는 모든 일을 향한 하나님의 작정 된 계획이다. 두 번째 측면은 도덕적 뜻으로 이것은 때때로 하나님의 일반적인 뜻(God's General Will)이라고 불리는 것으로 인간이 어떻게 믿고 살아야만 하는가를 가르쳐주는 성경에 기록된 하나님의 도덕적 명령이다. 세 번째 측면은 개인적 뜻으로 각 개인에게만 독특하게 적용되는 하나님의 이상적이고 상세한 삶의 계획이다.[67]

세 가지 측면에서 문제가 되는 것은 바로 세 번째 측면인 개인적 뜻이지만, 성경에 개인을 향한 하나님의 뜻은 대부분 상세하게 기록되어 있지 않다. 예를 들면, 직업과 배우자와 교회 선택, 어떤 일의 시작 여부 등이다. 그런데 이 선택은 신자의 삶에 결정적인 요인으로 작용할 수 있다. 왜냐하면, 하나님의 뜻에 맞는 선택은 신자를 축복의 삶으로 인도하지만, 맞지 않는 선택은 신자의 삶을 좌절과 절망으로 인도할 수도 있기 때문이다.

대부분 학자와 주석가는 개인적 뜻에 대한 하나님의 인도를 아는 세 가지의 빛(Three Lights)으로 성경의 가르침, 성령의 감동, 환경 등을 들고 있다. 게리 프리슨과 로빈 맥슨(Garry Friesen and J. R. Maxson)은 성경, 환경, 내적 증거, 성숙한 조언, 개인적 소원, 상식, 특별 인도 등 일곱 개로 나누고 있다.[68]

① 성경의 말씀

성경은 신자와 비신자 간의 잡혼(Inter-Marriage)을 말 2:11 "유다는 여호와께서 사랑하시는 그 성결을 욕되게 하여 이방 신의 딸과 결혼하였으니."라고 금한다. 그러나 신자와 비신자가 결혼함으로 불신의 가정이 복음화되는 특수한 예와 신자 간의 결혼임에도 이혼을 하거나 불행한 결혼 생활을 하는 경우를 주변에서 볼 수 있다. 따라서 결혼은 특수한 예외가 있음을 고려해야 한다.

② 성령의 감동

1887년 9월 27일 한국의 최초 장로 교회인 새문안교회를 세운 호러스

---

67) Garry Friesen and J. R. Maxson, *Decision Making and The Will of God*, 김지찬 역, 「나의 결정과 하나님의 뜻」 (서울: 생명의 말씀사, 2000), 29-41.

68) Ibid., 46.

그랜드 언더우드(Horace Grant underwood)는 1882년 한미수호통상조약이 체결된 이후 문호가 개방되기 시작했고, 1,300만 한국 사람들이 아직 복음을 듣지 못하고 있다는 소식을 듣고 마음속 깊이 감동하였다.

그러나 그 당시 언더우드는 인도 선교사로 갈 생각이었다. 1년간 고민한 끝에 언더우드는 한국을 선교지로 결정하고, 2차례에 걸쳐 개혁 교단에 한국 선교사 지원서를 냈으나 선교비가 없다는 이유로 거절당했다.

언더우드는 국내에서 목회하거나 인도 선교사로 가기로 하고, 뉴욕의 한 교회에서 그를 담임 목사로 청하였다. 그는 수락서를 작성하여 우체통에 넣으려는 순간에 성령의 감동으로 음성이 들렸다. "아무도 한국으로 가려고 하지 않는다. 한국이 어떠냐? (No one for Korea. How about Korea?)" 언더우드는 이 음성을 통하여 자신을 한국 선교사로 하나님께서 부르셨다는 것을 확신하게 되었다. 그 후 그는 하나님의 역사로 한국 선교사로 오게 되었다.[69]

③ 환경

다윗은 사울이 두려워 그의 힘이 미치지 않는 블레셋의 수도인 가드로 도망하였다가 미친 사람처럼 행동함으로 위기를 벗어나 증조모 룻의 고향인 모압 땅으로 이동하였다. 그러나 선지자 갓이 유다 땅으로 들어갈 것을 명하였다. 다윗은 선지자의 명령에 순종하여 모압 땅을 떠났지만 헤렛 수풀에 거하게 되었다(삼상 21:10-22:5).

조호진은 다윗이 하나님의 말씀에 순종하였지만, 사울이 무서워 사해의 바로 왼편에 붙어 있는 유다 땅의 언저리인 헤렛 수풀로 가게 되었다고 주장하였다.[70] 이것은 다윗은 사울이 추적해오면 즉시 모압 땅으로 도망가기 위한 다윗의 인간적 방법이라고 볼 수 있다.

블레셋 사람들이 그일라를 공격하였고, 다윗은 그 사실을 듣게 되었다.

---

69) 한경호, 「눈물로 씨를 뿌린 사람들」, 66-71.

다윗은 즉시 여호와께 “내가 가서 블레셋 사람을 치리까.” 라고 묻자 하나님께서는 “가서 블레셋 사람을 치고 그일라를 구원하라.” 라고 명령하셨다. 그러나 다윗의 측근들은 유다의 내륙인 그일라에 가는 것을 반대하였다. 다윗은 다시 한 번 하나님께 묻게 되었고, 하나님께서는 “그일라에 내려가라 내가 블레셋 사람을 네 손에 붙이리라.” 라고 승리의 약속까지 주시며 그일라로 내려갈 것을 명하셨다. 다윗과 그의 사람들은 그일라로 내려가서 대승하고, 그일라 거민을 구원하였다(삼상 23:1-5).

다윗은 사울의 공격을 피해 가능하면 사울의 군대가 추적해올 수 없는 지역으로 가기를 원했다. 그러나 하나님께서는 반대로 환경을 통하여 다윗을 유다의 깊은 내륙 지방으로 인도하셨다. 하나님께서 다윗을 유다 내륙 땅으로 인도하신 것은 다윗을 그 땅의 왕으로 세우셨기 때문이다.

조호진은 언약을 소유한 사람이 지켜야 할 원칙 중의 하나는 아무리 힘들고 어려워도 비전의 땅을 벗어나지 말라고 권면한다.[71] 하나님께서는 다윗이 비전의 땅에서 믿음을 갖고 최선을 다하기를 원하신 것이다.

④ 계속되는 소원

하나님께서는 시 37:4 “그가 네 마음의 소원을 네게 이루어 주시로다.” 라는 말씀과 같이 신자의 마음에 소원을 주신다.

하나님이 주신 소원과 스스로 정한 인간적 소원은 세 가지 점에서 구분할 수 있다. ① 인간적 소원은 자기중심적이지만 하나님이 주신 소원은 이타적이다. ② 인간적 소원은 일시적이지만 하나님이 주신 소원은 계속적이다. ③ 인간적 소원은 욕심을 부채질함으로 고통스럽지만, 하나님이 주신 소원은 하나님의 기쁨으로 행복해진다.

저자가 앞에서 이미 기술하였지만, 주의 종으로 부름을 받고 3년간 갈등

---

70) 조호진, 「다윗 기다림과 자기부인의 영성」, 111.
71) Ibid., 110.

하며 기도로 하나님과 씨름하다가 회사를 퇴직하고 신학 공부를 하게 된 결정적인 것은 바로 다음과 같은 성령님의 감동으로 주신 하나님의 음성이다. 첫째, "너의 마음에서 계속적인 소원이 있지! 내가 준 소원이기 때문에 계속된단다." 둘째, "네가 그 일을 생각할 때마다 기쁨이 있지! 그 기쁨은 내가 준 것이다."

하나님께서는 당신의 뜻을 이루시기 위해 신자의 마음에 당신의 소원을 주시고 그 소원을 계속 생각나게 하시며 그 소원을 생각할 때마다 당신의 기쁨으로 행복해지게 하신다.

⑤ 사람의 입술

하나님께서 때로는 목사와 신앙의 선배와 동료의 입술을 통하여 하나님의 뜻을 전하신다.

구약성경(왕하 5:1-14)을 보면, 아람 왕의 군대 장관인 나아만이 나병환자였다. 그에게는 이스라엘에서 잡아온 작은 계집아이가 있었다. 그녀는 나아만의 아내에게 왕하 5:3 "우리 주인이 사마리아에 계신 선지자 앞에 계셨으면 있으면 좋겠나이다. 그가 그 나병을 고치리이다."라고 말하였다.

나아만 장군은 여종의 말대로 이스라엘 선지자 엘리사를 찾아가 선지자의 말에 순종하여 요단 강에 일곱 번 몸을 담금으로 나병에서 완전히 치료받게 되었다. 하나님께서는 작은 여종의 입을 사용하시어 나아만 장군에게 하나님의 음성을 들려주셨다.

d) 하나님의 침묵

피터 그리그(Peter Greig)는 자신의 책에서 하나님의 침묵에 대한 예화로 "테레사 수녀의 진정한 모습을 살펴보면 1년은 비전을 갖고 살았지만, 나머지 50년 동안은 의심 가운데 살고 있었다."라는 로마의 유력 일간지 [일 메사계]의 글을 제시하면서 테레사 수녀가 하나님의 침묵 속에서 더

많은 세월을 보냈음을 말하였다.[72]

예수님도 금요일 십자가 위에서 이런 하나님의 절대 침묵을 경험하셨다. 그리그는 신학자 루돌프 볼프만의 언급, "십자가 위에서 '나의 하나님, 나의 하나님, 어찌하여 나를 버리시나이까?' 라고 말씀하셨을 때 믿음과 목적에 붕괴를 경험하였다." 와 팀 체스터(Tim Chester)의 말, "십자가 위에서는 하나님의 임재가 거의 드러나지 않았다는 사실을 발견하게 된다. 침묵은 계속되고, 숨어계시는 하나님은 십자가 위에서 고통받고 있는 우리를 그냥 지켜만 보고 계신다." 라는 두 글을 인용하여 하나님의 침묵은 현재에도 계속되고 있음을 암시적으로 말하고 있다.[73]

하나님의 침묵은 신자를 고통스럽게 하는 것 중의 하나이다. 신자는 이런 고통스러운 상황을 빨리 모면하기 위해 인간적 방법을 동원하지만, 하나님께서 침묵으로 일관하실 때 신자의 인간적 방법은 하나님을 더욱 침묵하시게 하는 악순환을 가져올 뿐이다.

그리그는 아담과 하와가 두 가지 사실을 의심하였기 때문에 뱀의 꼬임에 넘어가게 되었다고 기술하였다. ① 하나님의 말씀이 진실하시다("너는 절대 죽지 않을 거야."). ② 하나님의 계획이 선하시다("하나님은 내가 그 열매를 먹게 되면 눈이 밝아져 하나님같이 될 거라는 걸 알고 있어.").[74]

믿음의 선진과 하나님의 사명자가 되기 위해 기다림은 선택 과목이 아니라 필수 과목이다. 무디 목사(D. L. Moody)는 "모세는 처음 40년은 'something, 자신이 대단한 인물' 이라고 살았고, 미디안 광야 40년은 'nothing, 아무것도 아니라는 것' 을 알게 되었다. 그리고 40년은 'everything, 하나님이 쓰시는 권능자의 삶' 을 살았다." 라고 말하였다.[75] 모세가 'Something-Nothing-Everything' 의 삶으로 대전환할 수 있었던 필수 과목은 바로 '기다림(Waiting)' 이다.

---

72) Pete Greig, *God on Mute*, 윤혜란 역, 「침묵으로 말씀하시는 하나님」 (서울: 미션월드, 2009), 261.

73) Ibid., 263.

74) Ibid., 191-2.

브레넌 매닝(Brennan Manning)은 "우리 여정의 가장 아픈 가슴 아픈 시간에 하나님은 침묵으로 애태우시지만, 돌아보면 그것은 베일에 가려진 자상한 임재요 순전한 신뢰로 들어서는 길이다. 그 신뢰는 하나님의 반응에 따라 요동하지 않는 사랑이다." 라고 기술함으로 기다림에서 가장 필요한 것은 하나님에 대한 신뢰이고 말하였다.

그는 하나님을 신뢰하기 위해서는 "성경적 신뢰의 본질은 그 맛보기 너머에 측량 못 할 사랑이 있다는 확신에 있음을 깨닫는다. 우리는 이해할 수 없는 신성에 다가갈수록 더 깊고 직접적인 깨달음 속으로 끌려들어 간다." 라는 언급으로 하나님의 자비하심과 전능하심을 인격적으로 체험하는 것이 절대적으로 필요하다고 주장한다.

그가 이렇게 주장하는 이유로 "예수님의 영광에 대한 인격적 체험, 즉 초월적/내재적 그리스도와의 생생한 만남이야말로 믿음과 소망의 기초이며, 그 믿음과 소망이 철저한 신뢰의 삶을 빚어 주고 가르치기 때문이다." 라고 말하였다.[76)]

그리그는 유진 피터슨의 "하나님께서 구원의 역사를 반드시 이루신다는 이야기는 하나님의 침묵을 경험하는 사람들로부터 나오는 것이다." 라는 말을 인용하면서 하나님의 침묵은 의도적인 것으로 하나님과 깊은 관계를 맺음으로 영적으로 성숙한 신자를 만드시려고 신자를 훈련하시는 중이라는 것을 믿어야 한다고 조언한다.[77)]

제롬 댈리(Jerome Daley)는 "기다림이 주는 연약함 속에서 보내는 시간은 하나님께서 그 영혼을 목적지까지 보내시기 위해 사용하시는 시간입니다… 우리가 기다리는 동안에도 우리는 모두 가야 할 길 위에 있는 것입니다." 라고 언급하고 있다.[78)]

---

75) 전병욱, 「하나님사람의 선명한 기준」 (서울: 규장, 2008), 34.

76) Brennan Manning, *Ruthless Trust*, 윤종석 역, 「신뢰」 (서울: 복 있는 사람, 2009), 86, 127.

77) Pete Greig, *God on Mute*, 윤혜란 역, 「침묵으로 말씀하시는 하나님」, 254.

78) Jerome Daley, *When God waits*, 최승언 역, 「하나님이 침묵하실 때」 (파주시: 살림, 2006), 25-31.

신자가 기다림 속에 있을 때도 하나님께서는 여전히 인도하시고, 보호하시고, 일하고 계시는 것이다. 이것은 신자가 하나님의 침묵 속에 있을 때 좌절하거나 조급하게 인간적 방법을 취하지 말아야 할 이유이다.

F. 제6시험: 성화의 시험(창 17:1-27)

아브람이 99세일 때 자식에 대한 희망을 다 포기할 무렵에 하나님께서 나타나시어 "나는 전능한 하나님이라 너는 내 앞에서 행하여 완전하라."라고 명령하시고, 창 12:2, 13:14-17에서 말씀하신 약속을 창 17:2-4 "내가 언약을 나와 너 사이에 두어… 내가 너와 내 언약을 세우니 너는 여러 민족의 아비가 될지라."라고 하나님의 약속을 더욱 구체적으로 말씀하셨다.

하나님께서는 하나님의 약속을 반드시 성취하실 것이라는 보증으로 이름을 '아브람, 고귀한 아버지' 에서 '아브라함, 무리의 아버지 혹은 열국의 아버지' 로 개명해주시며, 하나님의 언약을 지키며 살겠다는 징표로 남자는 모두 할례받을 것을 명령하셨다.

아브라함은 하나님의 명령에 순종하여 생명의 위협을 무릅쓰고 양피를 베었고, 이스마엘과 모든 남자와 심지어 이방에서 사온 남자들까지 모두 할례를 행하였다.

1) 나는 전능한 하나님이다

첫째, 하나님께서는 거짓으로 언약하시거나 당신의 언약을 중간에 바꾸시지 않고 반드시 성취하신다.

삼상 15:29 "이스라엘 지존자는 거짓이나 변개함이 없으시니 그는 사람이 아니시므로 결코 변개하지 않으심이니이다." '변개하다' 는 히브리어로 נָחַם(*나함*), 영어로 'repent' 로 '한숨 쉬다, 후회하다' 를 의미한다. 하나님께서는 인간처럼 거짓말을 하시거나 기분에 따라 당신의 언약을 바꾸시거나 취소하시지 않고, 당신의 언약을 반드시 성취하신다.

성경에 예언된 대표적인 사건으로 다섯 가지를 들 수 있다. ① 예수님 초림(창 3:15 상반 절/마 2:1) ② 십자가의 죽음과 부활(창 3:15 하반 절, 마 17:22-23/마 27:45-50, 마 28:1-10). ③ 성령님의 강림(요 14:26/행 2:1-3) ④ 온 세상에 복음전파(마 24:14) ⑤ 재림(마 24:30, 살전 5:1-6).

예수님의 초림과 죽음과 부활은 아담 타락 후 창 3:15 원 복음(*Proto-Evangelium*)에서 이미 예언된 일이고, 아담 타락 후 약 4000년이 지난 후에 정확하게 성취되었다. 주님이 약속하신 성령님의 강림은 주님 승천 후 제자들이 마가의 다락방에 모여 기도할 때 실현되어 성령님은 현재 신자의 마음에 계신다. 현재는 복음이 온 세상에 전파되는 중이며 하나님의 기준에 도달하게 되면 주님은 당신의 언약대로 반드시 재림하실 것이다.

둘째, 하나님께서는 당신의 언약을 능히 성취하실 수 있는 전능한 힘을 소유하고 계신다.

사 40:28 "너는 알지 못하였느냐 듣지 못하였느냐 영원하신 하나님 여호와, 땅 끝까지 창조하신 이는 피곤하지 않으시며 곤비하지 않으시며 명철이 한이 없으시며." '피곤하다' 은 히브리어로 יָגַע(*야가*)이고, 어떤 일을 하는데 능력이 부족하여 기진맥진해진 상태를 말한다. '곤비하다' 는 히브리어로 יָעַף(*야아프*)이고, 자신의 능력 이상의 일을 함으로 피곤해지는 것을 의미한다. 이것은 구약성경에서 비슷한 의미가 있는 어휘들을 반복적으로 사용하여 의미를 강조하는 수사학적 용법이다. 이사야 선지자는 자신의 체험과 성령의 감동으로 하나님은 당신의 언약을 성취하시는데 충분한 지혜와 능력을 소유하고 계시는 전능한 하나님임을 강조하고 있다.

2) 완전하라

'완전' 은 히브리어로 תָּמִים(*타밈*)이고, '흠이 없는, 진실한, 순결한, 건전한, 올바른' 을 의미한다. 이것은 흠이 없는 인간의 행위를 말하는 것으로 존 N. 오스월트(John N. Oswalt)는 욥의 행위를 들어 설명하였다. 그는 이것은 하나님의 말씀에 부분적으로 순종하는 것이 아니라 완전히 순종하는 것이라고 정의하면서 순전하게 순종하는 사람에게는 순전한 방식으로 응답하신다고 말하였다.[79)]

주님도 마 5:48 "하늘에 계신 너희 아버지의 온전하심과 같이 너희도 온전하라." 라고 말씀하셨다. 그렇다면 하나님이 원하시는 온전함의 기준은 무엇일까? 인간은 자신의 노력으로 그와 같은 경지에 도달할 수 있을까? 다윗은 삼하 22:33 "하나님은 나의 견고한 요새시며 나를 안전한 곳으로 인도하시며." 라고 하나님께서 자신을 안전한, 즉 온전한 곳으로 인도하신다고 고백하였다.

오스왈트는 이에 대하여 "다윗이 자기가 모든 것을 옳게 행한다고 말하는 것이 아니고 하나님이 그로 하여금 완전한 성실을 가지고 그분을 섬기는 것이 가능하게 하였다고 말하는 것이다." 라고 주석한다. 오스왈트의 주장을 빌려 말하면, 완전함이란 하나님께 아무것도 바라지 않고(doing), 하나님의 자녀 됨(being)을 감사하고 하나님을 온전히 섬기는 것이라고 말할 수 있다.[80)]

오스왈트는 "완전함이란 하나님이 행하시는 방식에 대하여 말하는 것이다. 그분은 속이거나 이기적인 동기들에서 움직이시는 분이 아니시라는 것이며, 우리도 또한, 그렇게 해서는 안 되는 것이다." 라고 기술하면서 그는 결론적으로 자기만을 생각하는 것을 초월하여 살아가는 것이라고 주장하고, 이것이 성경에서 하나님의 길과 우리의 길을 동일한 단어로 사용하는 이유라고 주장한다.[81)] 이것은 마 22:37-39 "네 마음을 다하고 목숨을 다하고 뜻을 다하여 주 너의 하나님을 사랑하라 하셨으니 이것이 크고 첫째 되는 계명이요 둘째는 그와 같으니 네 이웃을 네 몸과 같이 사랑하라 하셨으니."

---

79) John N. Oswalt, *Called to be Holy*, 이영기 · 한철희 역,「거룩한 삶으로의 부르심」(서울: 물가에 심은 나무, 2004), 82.

80) John N. Oswalt, *Called to be Holy*, 이영기 · 한철희 역,「거룩한 삶으로의 부르심」, 88.

81) Ibid., 89-90.

라는 주님의 큰 두 계명을 적극적으로 실천하는 것이라고 말할 수 있다.

3) 이름을 개명하라

하나님께서 왜 '아브람'에서 '아브라함'으로 이름을 개명하라고 명하셨을까? 이것은 단순히 개명에서 끝나는 것이 아니라 하나님께서 열국의 아버지로 신분을 변화시켜주시고, 열국의 아버지가 될 자격을 인정하셨음을 의미한다. 이것은 개명 후 일 년 뒤에 사라를 통하여 이삭을 낳은 것에서 그 증거를 찾을 수 있다. 하나님께서는 아브라함이 사라를 통하여 이삭을 낳게 하심으로 열국의 아버지로서의 신분 변화와 자격을 취득하였음을 입증하셨다.

요 1:12 "영접하는 자 곧 그 이름을 믿는 자에게는 하나님의 자녀가 되는 권세를 주셨으니." 신약시대의 신자는 예수 그리스도를 구주로 고백하는 순간에 하나님의 자녀가 되는 권세, 즉 신분 변화와 자격을 취득할 뿐만 아니라 강화되었다. 이에 따라 신자는 요 14:14 "내 이름으로 무엇이든지 내게 구하면 내가 시행하리라."라는 말씀으로 약속하신 것처럼 하나님의 뜻 가운데 구하는 것을 응답받고, 막 16:17-18 "믿는 자들에게는 이런 표적이 따르리니 곧 그들이 내 이름으로 귀신을 쫓아내며 새 방언을 말하며 뱀을 집어올리며 무슨 독을 마실지라도 해를 받지 아니하며 병든 사람에게 손을 얹은즉 나으리라."라는 말씀처럼 신자가 주님의 이름으로 기도할 때 귀신이 쫓겨나며 병든 자가 치료되는 주님의 권능이 나타나게 된다.

4) 할례(Circumcision)를 행하라

아브람은 아브라함으로 개명된 후 제일 먼저 할례의 명령, 즉 육신에 언약의 표를 만들라는 하나님의 명령을 받았다. 김서택은 할례는 이스라엘 백성만의 고유한 의식이 아니고 일부 고대 사회에서는 어렸을 때 유치한 모습을 청산하고 자신의 행위를 책임지는 성인이 되었다는 증표로 할례를 행하기도 하였다고 기술하였고, 이스라엘 백성이 할례를 통해서 육에 속한 옛사람을 잘라내고 새로운 하나님의 사람으로서 책임지는 인격체가 되었다는 것을 의미한다고 말하였다.[82] 성경은 마음의 할례를 통하여 고후 5:17 "그런즉 누구든지 그리스도 안에 있으면 새로운 피조물이라 이전 것은 지나갔으니 보라 새 것이 되었도다."라고 말한다.

할례는 의학이 발달하지 못한 그 당시에 모든 남자가 생명을 담보로 해야 하는 의식으로 젊은이도 아닌 99세의 노인이 할례를 행하는 것은 바로 죽음과도 같은 행위이다. 아브라함은 할례를 행하는 순간 죽고 다시 태어난 것이다.

이것은 육신의 생각과 마음을 죽이고 하나님의 거룩한 성품을 닮아가는 성화의 과정을 말한다. 아브라함에게 할례는 육신의 생각을 죽이고, 열국의 아버지로서 하나님의 거룩한 생각과 마음을 갖게 하는데 절대적으로 필요한 첫 단계이다. 아브라함은 할례를 통하여 성화의 첫걸음을 걸었다.

할례는 아브라함뿐만 아니라 모세까지도 반드시 행해야 할 의식이었다. 모세가 떨기나무 불꽃 가운데 하나님을 만나서 애굽에서 이스라엘 백성을 인도하여 내는 사명을 받고, 장인 이드로에게 가서 아내 십보라와 두 아들 게르솜(출 2:22; 거기 나그네가 됨)과 엘리에셀(출 18:4; 하나님은 구원이심)을 데리고 애굽으로 돌아오는 여행의 숙소에서 출 4:24 "여호와께서 길의 숙소에서 모세를 만나사 그를 죽이려 하신 지라."라는 말씀과 같이 여호와께서 갑자기 모세를 죽이시려고 하셨다. 이 관경을 본 십보라가 그 아들의 양피를 베어 모세의 발 앞에 던지자 하나님께서는 모세를 놓아주시었다(출 4:26).

이 부분은 출애굽에서 주석이 가장 난해한 부분이다. 학자들의 의견은 다음과 같이 세 가지로 정리할 수 있다. 첫째, 악마에 의해 모세에게 임한 치명적인 공격을 후대에 하나님에 의한 공격으로 대치되었다. 둘째, 게르솜(Gersom)에게 임한 공격이다. 왜냐하면, 그가 할례를 받았지 않았기 때문

---

82) 김서택, 「약속에 땅에도 기근은 오는가」, 297.

이다. 셋째, 모세가 할례를 행하지 않았기 때문에 모세에게 임한 공격이다.[83] 그러나 이 세 가지 주장 모두 무리가 있는 것으로 생각한다. 왜냐하면, 출 4:24를 볼 때, 하나님께서 공격한 사람은 모세이고, 모세가 할례를 받지 않는 것이 아니라 그의 아들이 할례를 받지 않았기 때문이다.

매튜 헨리(Matthew Henry)는 "아들의 할례를 소홀히 한 것이 모세의 죄였다. 이것은 아마도 그가 미디안 여자 때문에 불공평한 멍에를 지고 있었던 결과라고 할 수 있다, 즉 그 여자는 그녀의 아들들을 너무 사랑했고, 모세 또한, 그녀를 너무 사랑했었다 … 하나님께서는 아마 검을 쥔 천사를 대표하여 그를 죽이려고 찾았던 것 같다."라고 주석하고 있다.[84] 또한, 장세훈은 "모세의 아내 십보라가 모세를 향해 '피의 남편'이라 부른 것에서 '남편'으로 번역된 히브리어 '*하탄*'은 아람으로 '할례받는 자'를 의미한다."라고 기술하면서 본 구절은 모세에 대한 심판보다는 할례를 받지 않는 게르솜을 향하고 있다고 주장하고 있다.[85]

결과적으로 모세가 그 아들에 대한 할례를 행하지 못했던 것은 이방 여인인 아내 십보라의 반대 때문이고, 이 일 때문에 하나님께서 이스라엘 백성을 애굽에서 구출해내라는 사명을 주신 모세를 죽이려고 하신 것이다. 이것은 모세일지라도 하나님의 언약 도구가 되기 위해서는 필수적으로 할례, 즉 성화가 절대적으로 필요하고, 중요한 덕목이라는 것을 강조하는 사건이다.

하나님께서는 현대 신자에게도 계속 성화될 것을 원하고 계신다. 예수님을 구주로 영접함으로 의롭게 된 신자는 '칭의 단계'에 머무르지 말고, 엡 4:13 "우리가 다 하나님의 아들을 믿는 것과 아는 일에 하나가 되어 온전한 사람을 이루어 그리스도의 장성한 분량이 충만한 데까지 이르리니."라는 말씀처럼 '그리스도의 장성한 분량'에까지 성장해야 한다. 신자가 그리스도의 장성한 분량까지 성장하기 위해서는 계속 성화를 이루어야 한다.

---

83) John I. Duham, *Word Biblical Commentary: Exodus* (Waco: Word Books, 1987), 57.

84) Matthew Henry, *Exodus*, 황장욱 역, 「출애굽기」 (서울: 기독교문사, 1982), 90-1.

5) 성화(Sanctification)

a) 성화의 정의

성화란 문자적으로 거룩하게 되는 것을 의미한다. 거룩함은 하나님의 중요한 속성 중 하나이다. 조대준은 "인간이 거룩하다는 것은 하나님의 거룩함을 닮는다는 뜻이다. 물론 이것은 하나님의 장엄한 거룩함을 닮은 것이 아니라 하나님의 윤리적인 거룩함을 닮는 것을 의미한다."라고 기술한다.86) 이후정은 성화를 "성화의 본질이 하나님께서 성령을 통하여 우리 마음에 부어주신 사랑의 체험이라고 본다."라는 웨슬리의 말을 인용하여 "그 사랑은 하나님의 능력, 에너지로서 우리를 내적으로 새롭게 하며 하나님의 형상과 닮음으로 회복시킨다."라고 정의한다.[87]

'거룩하게 하다'는 구약성경에서 קָדַשׁ(*카다쉬*)로 어떤 학자는 '비춘다'는 의미의 '*차다쉬*'와 관련된다고 주장하고, 어떤 학자는 '자르다'란 의미의 '*카드*'에서 유래되었다고 주장한다.[88] 조대준은 '*카다쉬*'에 대한 의미를 '빛남, 구별됨, 순결' 등 세 가지로 제시하고, 각각의 의미에 대하여 설명한다. ① '빛남'은 하나님의 거룩하심이 빛으로 나타내는 것, 즉 하나님의 영광을 의미한다. ② '구별됨'은 긍정적으로 하나님께 헌납되고 구별된다는 뜻이고, 부정적으로는 모든 세속적이고 부정한 것들에서 구별된다는 뜻이다. ③ '순결'은 종교의 의식적이고 윤리적인 의미를 지니고 있다.[89]

조대준은 "신자의 거룩함은 신자의 마음 안에만 있는 것이 아니라 말과 행동으로 나타난다."라고 기술하면서, 거룩함의 실천적인 면으로 19세기 영

---

85) 장세훈, "유아 세례 설교를 위한 본문 주해," 「헤르메네이아 투데이」, 48 (2009 가을): 88.

86) 조대준, 「크리스챤의 성화」 (서울: 쿨란, 2004), 68.

87) 이후정, 「성화의 길」 (서울: 대한기독교서회, 2008), 132.

88) L. Berkhof, *Introduction to Systematic Theology*, 「조직신학 하」, 799.

89) 조대준, 「크리스챤의 성화」, 52-4.

국교회의 라일(J. C. Ryle)의 12가지 거룩함의 정의를 소개하고 있다. ① 하나님과 한마음이 되는 습관으로 하나님이 싫어하시는 것은 싫어하고 좋아하시는 것은 좋아한다. ② 모든 죄에서 자신을 정결하게 지키기 위해 노력하고 모든 계명을 지키기 위해 노력한다. ③ 주 예수 그리스도와 같이 되고자 최대의 노력을 한다. ④ 온유함과 오래 참음과 자비를 따라 살고 그의 혀를 잘 다스린다. ⑤ 절제하며 자기를 부인하는 삶을 산다. ⑥ 형제를 사랑하고 자비를 베푸는 생활을 한다. ⑦ 다른 사람과 자비와 덕행의 영을 따라 관계한다. ⑧ 하나님을 두려워하는 마음으로 산다. ⑨ 겸손을 따라 산다. ⑩ 정결한 마음으로 산다. ⑪ 그의 의무를 신실하게 이행하며 인간관계에서 신실함을 중요하게 한다. ⑫ 영적인 마음을 가지고 생활하고, 세상의 것에 대해 마음을 두지 않고 하늘의 것에 마음을 둔 생활을 한다.[90]

성화란 하나님의 형상을 회복함으로 내적으로나 외적으로 거룩한 존재가 되어가는 것이라고 말할 수 있다.

b) 성화의 필요성

조대준은 "하나님은 신앙을 통하여 인간에게 회개와 의로움과 거룩을 한 상자 안에 넣어서 선물로 주시는 것이다 … 인간의 삶에서 의로움이 있는 곳에는 거룩이 있고, 거룩이 있는 곳에 의로움이 있는 것이다."라고 주장한다. 또한, 그는 의롭게 되었다는 것은 하나님의 법정에서 죄인이 아니라 의인으로 선언 받음으로 신분이 바뀌었다는 것을 의미하고, 거룩하여졌다는 것은 인간의 본질 자체가 변화하였다는 것을 의미한다고 기술한다.[91]

거룩함은 하나님의 중요한 속성 중 하나이고, 성화는 내적으로나 외적으로 거룩한 존재가 되어가는 것이라고 앞에서 정의하였다. 성화는 신자가 거룩한 존재가 되어 하나님을 대면하고, 하나님과 관계를 유지하고 발전시키는데 절대적으로 필요한 것이다.

---

90) Ibid., 60-4.

91) Ibid., 71-2.

① 하나님과의 대면

거룩함은 신앙의 열매인 동시에 회개의 열매이다. 하나님을 대면하기 위해서는 회개함으로 거룩한 상태가 되어야 한다.

먼저, 모세가 하나님을 처음 대면하는 장면에서 볼 수 있다. 출 3:5 "하나님이 이르시되 이리로 가까이 오지 말라 너의 선 곳은 거룩한 땅이니 네 발에서 신을 벗으라." '거룩한 땅' 이란 하나님을 예배할 장소를 말한다. 모세가 하나님을 대면하기 위해서는 거룩한 땅, 즉 예배의 장소에서 죄의 신발을 벗어야만 했다. 모세가 죄의 신발을 벗을 때, 모세는 순간적으로 거룩해짐으로 하나님을 대면할 수 있게 되었다.

다음으로, 하나님께서 시내 산의 꼭대기에서 모세에게 명하신 경고에서 볼 수 있다. 하나님께서는 출 19:21-22 "여호와께서 모세에게 이르시되 내려가서 백성을 경고하라 … 여호와께 가까이하는 제사장들에게 그 몸을 성결히 하게 하라 나 여호와가 그들을 칠까 하노라." 라고 명령하셨다.

일반 백성은 직접 하나님을 대면하는 것이 금지되었다. 그들은 제사장을 통하여 간접적으로 하나님을 대면하고, 선지자를 통하여 하나님의 말씀을 간접적으로 받을 수 있다. 제사장들은 하나님을 대면할 수 있으나 선제 조건으로 "몸을 성결하게 하라." 라는 것이 제시된다. 그렇지 않을 때 제사장은 "그들을 칠까 하노라." 라는 말씀처럼 하나님의 즉각적인 심판을 받아 죽을 수도 있었다.

현대 신자가 예배 중 예수님의 보혈을 의지하여 회개 기도를 드리면, 자범죄(Actual Sin)를 용서받아 거룩해짐으로 신자는 하나님을 대면하고 예배와 찬양과 기도를 드릴 수 있다. 따라서 신자는 예배 시작 전 무엇보다 주님의 보혈을 의지하여 자신의 자범죄를 철저하게 회개하는 것이 절대적으로 필요하다.

② 하나님과의 관계 유지 및 발전

이것은 하나님께서 모세에게 제작을 명하신 성막의 구조에서 볼 수 있다. 이종수 목사는 자신 책에서 성막은 주님의 십자가를 보여준다는 슬레밍(*Slemming*)의 견해를 소개하고 있다. "십자가의 발부분은 죽음의 장소로 놋 제단을 의미하고, 머리 부분은 지성소(법궤), 즉 구원을 나타내며, 오른쪽 팔 부분은 전설 병, 즉 친교(Fellowship)를 의미하고, 왼쪽 팔 부분은 금 촛대, 즉 축복을 나타낸다고 하였다."[92]

놋 제단은 예수 그리스도의 죽음과 보혈을 의미한다. 비신자는 예수님을 구주로 고백할 때 주님의 죽음과 보혈로 용서받고 거듭남으로 하나님의 자녀, 즉 신자가 되지만, 이 땅에 살면서 수시로 하나님의 말씀에 어긋나는 행위를 함으로 자범죄(Actual Sin)를 짓게 된다. 자범죄는 하나님과의 신자의 관계를 가로막는 중요한 원인이다. 따라서 신자가 하나님과 관계를 회복하기 위해서는 주님의 이름으로 자신의 죄를 회개하고, 금향로에서 향을 드림, 즉 하나님께 예배를 드려야 한다. 이에 따라 신자는 법궤, 즉 구원의 하나님을 만나게 되고, 전설 병, 즉 하나님과의 친교가 이루고, 촛대, 즉 하나님의 축복을 받게 된다. 이 모든 과정의 중심에는 거룩함이 있다.

거룩함은 하나님과의 관계를 유지할 뿐만 아니라 관계를 더욱 발전시키고, 발전된 관계는 신자를 하나님의 전인적인 축복으로 인도한다. 하나님의 전인적인 축복은 영육간의 모든 복을 의미한다.

성화는 신자가 하나님과의 관계를 유지 및 발전시키는 최상의 지름길이다.

c) 성화의 본질

아담이 타락한 후 인간에게 두 가지 문제가 발생하게 되었다. 하나는 죄의 문제이고, 다른 하나는 내적으로 죄를 짓는 성향을 소유하게 된 것이다. 신자는 예수 그리스도를 구주로 영접하여 거듭나는 순간 죄(Sin)를 용서받음으로 죄의 문제는 해결되지만(칭의), 내적으로 옛사람의 속성, 즉 내적으

92) 이종수, 「광야의 성막」 (서울: 기독교문사, 1990), 56.

로 죄를 짓는 성향은 계속 남아 신자의 삶에 영향을 미치게 된다. 따라서 성화의 삶이란 고후 5:17 "누구든지 그리스도 안에 있으면 새로운 피조물이라."라는 말씀처럼 하나님께서 신자를 새로운 피조물, 즉 의인의 신분으로 변화시켜주신 것에 합당하게 거룩한 성품을 소유하고, 거룩한 삶을 살아가는 것을 말한다.

신자의 성화는 근본적으로 성령 하나님이 신자의 마음에 주시는 능력으로 이루어지는 하나님의 초자연적이 사역이지만, 신자는 죄의 유혹을 피하고 거룩한 삶을 살기 위해 영적 투쟁과 훈련을 해야 한다(고전 9:25).

웨슬리는 신자는 성화의 길을 가기 위해서는 자기 부인, 즉 십자가의 길을 가는데 경주해야 한다고 말하고 있다. 그는 십자가의 길이 인간의 부패한 본성을 치료하기 위해 오른편 눈을 뽑아버리고 오른손을 자르는 일과 같다고 말한다. 또한, 그는 일단 거듭나고 성령을 체험한 사람도 계속 십자가의 도를 좇는 훈련의 삶을 경주하지 않으면 죄와 정욕에 빠져 타락하여 하나님의 길에서 떨어질 수 있으므로 끊임없는 십자가의 훈련을 통해 완전을 향해 나아가는 것이라고 말하였다.

결론적으로, 웨슬리는 완전한 성화와 성결은 오직 하나님의 은혜요 은사이지만, 신자는 이 복된 사실을 명심하고 성화에 도달할 때까지 무한한 노력을 기울이며 계속 회개하면서 고난 속에서 투쟁하여야 한다는 신인협력론(Synergism)을 주장한다. 한 마디로 웨슬리는 신자는 성화를 위해 성령님의 능력을 힘입어 계속 경건의 훈련을 실행해야 한다는 것이다.[93)]

d) 경견의 훈련

① 영적 예배를 드리라

롬 12:1 "너희 몸을 하나님이 기뻐하시는 거룩한 산 제물로 드리라 이는

93) 이후정, 「성화의 길」, 144-51.

너희가 드릴 영적 예배이니라."

예배는 영어로 'Worship' 인데, 이것은 'worth' (가치)와 'ship' (신분)의 합성어로서 '존귀한 자에게 존경을 나타내는 것' 을 말한다. 구약성경에서 예배로 번역되는 단어는 '굴복하는 것, 엎드리는 것' 을 의미하는 שָׁחָה(샤하)이다.

예배란 최상의 존재에게 존경, 경의, 찬양, 영광을 드리는 것이다. 예배는 두 가지 과정을 통하여 이루어진다. 먼저 마음으로 최상의 존재의 광대함으로 그에게 굴복하고, 다음은 그에게 엎드려 경배하는 것을 말한다. 마음으로 굴복하고, 엎드려 경배한다는 것은 마 22:37 "네 마음을 다하고 목숨을 다하고 뜻을 다하여 주 너의 하나님을 사랑하라."라는 말씀에 순종하여 마음과 뜻과 힘을 다하여 예배하는 것을 의미한다.

리챠드 스틸(Richard Steele)은 예배 중에 흐트러짐은 사탄이 주는 것으로 십계명 중 1-4계명을 어기는 중죄라고 자신의 책에서 주장한다. 그에 의하면, 신자가 그분의 면전에서 다른 생각과 공상과 허망한 것을 보는 것은 바로 다른 신을 하나님 앞에 두는 행위이므로 제1계명을, 외형적으로 우상을 만들고 그것에 경배하는 행위가 되므로 제2계명을, 하나님을 멸시하는 행위이므로 제3계명, 하나님을 경배함으로 완전하게 드려야 할 시간을 훔치는 행위이므로 제4계명을 범하는 행위이다.[94)]

스틸은 또한, 흐트러짐은 준비 부족에서 온다고 진단하고 있다.[95)] 신자가 예배를 준비하고 오는 것과 준비하지 않고 오는 것에는 큰 차이가 있다. 예배를 준비하고 오는 것은 하나님의 은혜가 임할 수 있도록 마음의 문을 열고 오는 것이고, 예배 시간에 하나님의 충만한 은혜를 받아 변화가 일어나게 된다. 그러나 준비하지 않고 오면, 예배 시간에 마음의 문이 열리지 않음으로 대부분 시간을 허망한 생각과 공상으로 허비하고, 신자는 교회에 올 때보다 더 허무하고 절망적인 마음으로 귀가하게 된다.

---

94) Richard Steele, *A Ready for Wandering Thoughts in the Worship of God*, 「흐트러짐」, 송광택 역 (서울: 지평서원, 2009), 27-8, 175-7.

95) Ibid., 101.

결론적으로, 신자는 영적 예배를 드리기 위해서는 사전에 마음의 문을 여는 훈련을 해야 하고, 예배 시간에 허망한 생각과 공상이 침투하지 못하도록 집중하는 훈련을 해야 한다.

② 하나님의 전신 갑주로 무장하라

하나님께서는 신자에게 엡 6:13-17 "그러므로 하나님의 전신 갑주를 취하라 … 하나님의 말씀을 가져라." 라고 명령하신다. 전신 갑주는 항상 입고 있어야 할 세 가지 복장(진리의 허리띠, 의의 흉배, 평안의 복음 신발)과 항상 착용하고 있어야 할 세 가지 장비(믿음의 방패, 구원의 투구, 성령의 검)로 구성되어 있다.

'진리의 허리띠' 를 매는 것은 신자가 하나님의 말씀으로 모든 선악의 판단과 행동의 기준을 삼는 것을 말한다. 하나님께서는 신자가 무질서와 혼란 속에서 살기를 원치 않으신다. 하나님께서는 신자가 하나님의 말씀에 따라 정직하고, 성실하고 참되게 승리의 삶을 살기를 원하신다.

'의의 흉배' 를 입는 것은 신자가 하나님의 자녀로 거룩한 존재가 되었다는 존재감과 하나님의 능력으로 거룩한 삶을 살아갈 수 있는 자신감으로 무장하는 것을 말한다. 신자의 존재감과 자신감은 신자가 죄를 짓지 않고 거룩한 삶을 살아갈 수 있는 힘이 된다.

'평안의 복음 신발' 을 신는 것은 신자가 주님이 주시는 평안을 받아 어떤 환경과 상황에서도 담대하게 살아가는 것을 말한다. 신자는 주님의 평안을 받기 위해 주님의 구원과 하나님의 약속을 믿고 기도해야 한다.

'믿음의 방패' 를 착용하는 것은 마귀의 공격을 믿음으로 방어하거나 공격하는 것을 말한다. 마귀가 "너는 항상 병마에 시달려야 해, 너에게 건강한 삶이란 없어." 라고 공격하면, 신자는 "하나님께서는 적절한 시간에 치유해 주신다, 나의 생명은 하나님의 것이다." 라고 공격하고, 마귀가 "너는 항상 가난한 삶을 살 것이다." 라고 공격하면, 신자는 "하나님께서 나에게 필요한 모든 것을 다 주신다." 라고 공격해야 한다.

믿음은 신자의 능력이다. 믿음을 통하여 신자는 육체적 만족과 물질적 풍요함과 정신적 평화를 얻을 수 있다. 믿음은 세 단계, 즉 약한 믿음, 강한 믿음, 온전한 믿음 등으로 나눌 수 있다. 약한 믿음은 "하나님은 이 일을 행하실 수도 있습니다.", 강한 믿음은 "하나님은 반드시 이 일을 행하실 것입니다.", 온전한 믿음은 "하나님께서 이미 모든 것을 다 이루셨기 때문에 하나님께 감사와 영광을 드립니다."라고 고백한다. 하나님께서는 신자가 온전한 믿음으로 무장하기를 원하신다.

'구원의 투구'를 쓰라는 것은 예수님은 구원자이시며 항상 신자들을 위해 일하고 계심을 의지하는 것이다.

한 여인이 길거리를 가다가 성폭행의 위험에 처하였다. 그녀는 계속해서 그 치한에게 이렇게 말했다. "예수님은 나의 구원자이십니다." 그러자 그 치한은 당황하여 그녀를 놓아주고 도망갔다.

예수님이 구원자시라는 신자의 고백은 진리의 선포이며, 능력이 된다. 따라서 신자는 날마다 예수 그리스도가 영원한 구주가 되심을 고백하고 찬양해야 한다.

'성령의 검'을 차는 것은 예수님처럼 마귀의 공격에 하나님의 말씀으로 공격하는 것을 의미한다. 예수님께서는 마 4:3 "이 돌들이 떡 덩이가 되게 하라."라는 마귀의 첫 번째 공격은 신 8:3 "사람이 떡으로만 살 것이 아니요 하나님의 입으로부터 나오는 모든 말씀으로 살 것이라."라는 말씀으로, 마 4:6 "하나님의 아들이어든 뛰어내리라."라는 마귀의 두 번째 공격은 신 6:16 "주 너의 하나님을 시험하지 말라 하였느니라."라는 말씀으로, 마 4:9 "만일 내게 엎드려 경배하면 이 모든 것을 네게 주리라."라는 마귀의 세 번째 공격은 신 6:13 "주 너의 하나님께 경배하고 다만 그를 섬기라 하였느니라."라는 말씀으로 물리치셨다. 이처럼 마귀는 신자가 하나님 말씀의 검으로 강력하게 공격할 때 혼비백산하여 도망가게 된다. 따라서 신자는 항상 하나님의 말씀을 읽고 묵상함으로 공격 무기인 말씀을 마음에 새겨야 한다.

③ 기도가 삶이 되게 하라

살전 5:17 "쉬지 말고 기도하라.", 엡 6:18 "모든 기도와 간구로 하되 항상 성령 안에서 기도하고."

이 말씀들에는 기도에 대한 중요한 두 가지 교훈이 있다. 첫째는 쉬지 말고 기도하라. 둘째는 성령 안에서 기도하라.

㉠ 쉬지 말고 기도하라

살전 5:17에서 말하는 교훈은 기도를 예배 시간이나 단순히 정해진 시간에 행하는 종교적 행위가 아니라 호흡하는 것처럼 일상의 삶으로 실천하라는 것이다. 이후정은 "기도는 영적 생명의 호흡을 통해 살아계신 하나님을 만나고 대화하고 그 임재를 체험하는 통로이다. 그러므로 참된 신자는 일생을 걸쳐 계속 기도해야 한다. 기도는 삶이다."라고 기술하면서 기도는 한 시점에 국한되는 행위가 아니라 거룩한 삶의 전체적인 태도와 자세가 되어야 한다고 주장한다. 또한, 그는 신자의 참된 기도는 신자의 인격과 삶 전체가 그리스도의 형상을 목표로 성숙하는 성화의 자리가 되어야 한다고 말한다.[96]

기도가 전부인 삶이 된 삶을 산 대표적인 인물로 브라더 로렌스(Brother Lawrence)를 들 수 있다. 그는 기도를 통해 자신의 생각이 하나님의 임재로 채워졌을 때 취사장에서 일을 시작하였다(그는 수도원의 요리사였다). 그는 일을 시작하기 전과 일을 마친 후에 그리고 그 사이에 모두 시간을 기도로 보냈다. 아래와 같은 그의 고백에서 기도는 정해진 시간에 행하는 종교적 행위가 아니라 그의 삶 전부임을 알 수 있다.[97]

---

96) 이후정, 「성화의 길」, 177.

97) Lawrence Brother and Frank Laubach, *Practicing His Presence,* 「하나님의 임재 체험하기」, 편집부 역 (서울: 생명의말씀사, 2003), 119-20.

> 나에게는 일하는 때나 기도하는 시간이 차이가 없습니다. 여러 사람이 한꺼번에 서로 다른 일을 요청하는 우리 취사장의 소란함과 부산함 가운데서도 나는 무릎을 꿇고 성찬식에 참여하는 것처럼 큰 평온 가운데 하나님을 모실 수 있습니다.

김남준은 신자의 육체적 게으름은 거룩한 의무를 태만히 하고 자기의 육체를 하나님보다 위하게 하고, 죄는 그런 게으름을 통하여 우리 안에 들어와 기도의 불을 끔으로 신자가 지속적으로 기도하지 못하게 된다고 기술하고, 이에 대한 처방으로 세 가지를 제안하였다.

첫째, 육체를 가혹하게 다루라. 이것은 신령한 목적을 위하여 노예를 복종시키는 것처럼 자신의 육신을 쳐서 복종시켜야 함을 말한다.

둘째, 그리스도와 하나가 되라. 이것은 막 1:35 "새벽 아직도 밝기 전에 예수께서 일어나 나가 한적한 곳으로 가사 거기서 기도하시더니."라는 말씀처럼 새벽에 기도하셨던 주님의 기도 십자가에 동참하는 것이다.

셋째, 규칙적으로 기도하라. 눅 22:39 "예수께서 나가사 습관을 따라 감람산에 가시매."라는 말씀에서 예수님도 습관을 좇아 기도하셨음을 볼 수 있다. 기도의 욕구가 사라졌을 때 기도의 습관은 기도를 실천해야 할 의무로 지워주게 된다.[98)]

결론적으로, 기도의 삶은 저절로 습득되는 것이 아니라 시간을 정하고 매일 규칙적으로 기도하는 경건의 연습을 통하여 몸으로 체득된다고 말할 수 있다.

㉡ 성령 안에서 기도하라

'기도하다' 는 헬라어로 **προσευχομαι**(*프로슈코마이* 눅 1:10), δεομαι(*데오마이* 행 10:2)이다. 이것은 중간태임에도 불구하고 능동의 뜻이 있다.

---

98) 김남준, 「성화의 기도」(서울: 생명의말씀사, 2008), 149-68.

능동태가 없고 중간태나 수동태의 형을 가지고 능동의 뜻으로 사용되는 동사를 디포넌트 동사(Deponent Verbs) 혹은 수동형 능동 동사라고 부른다. 디포넌트의 동사들을 보면 '영접하다' 는 뜻의 δεχομαι(*데코마이* 골 4:10)와 '가다, 오다' 는 뜻의 ἔρχομαι(*에르코마이*) 등이 있다. 이런 동사의 행동 주체는 행위자이지만 그 행동을 하도록 힘을 주신 분은 바로 성령 하나님임을 알 수 있다.

'기도하다' 는 동사가 중간태임에도 불구하고 능동의 뜻을 가진 것은 기도할 소원과 힘과 능력은 성령 하나님으로부터 받았지만, 행위자의 의지에 따라 할 수도 있고 안 할 수도 있다는 의미를 내포하고 있다.

성령님의 인도를 받는 기도는 일방통행의 기도에서 쌍방동행의 기도로 발전한다. 신자가 성령님의 인도를 받아 기도하게 되면 자신이 생각지도 못한 일을 구하게 되고, 일방통행의 청구용 기도에서 하나님과 신자가 대화하는 쌍방동행의 기도로 나아가게 된다. 신자는 하나님의 임재 가운데 은혜와 능력과 권세를 받게 된다.

신자는 예배와 마찬가지로 기도 준비를 하는 것이 중요하다. 기도 시작 초기에 성령님의 인도하심과 도우심을 구해야 한다. 이렇게 할 때 신자는 성령님의 인도를 받아 기도함으로 대화의 기도 속으로 들어갈 수 있게 된다. 따라서 신자는 기도 시작 초기에 반드시 성령님의 인도하심과 도우심을 습관적으로 구하는 경건의 훈련이 필요하다.

신자의 성화는 세월이 가면 자동으로 이루어지는 과정이 아니다. 성화는 신자가 딤후 4:7 "나는 선한 싸움을 싸우고" 라고 고백한 바울처럼 선한 싸움을 끊임없이 싸우고, 경건의 훈련을 통하여 얻어지는 힘든 과정이다.

G. 제7시험: 중보기도의 시험(창 18:1-19:29)

하나님께서 타락한 소돔과 고모라를 멸망시킬 계획을 아브라함에게 알려 주시기로 작정하셨다. 아브라함이 예루살렘에서 남쪽으로 32Km 정도 떨어진 마므레(Mamre)의 상수리나무 숲에 있을 때 세 천사가 나타났다. 아브라함에게 세 천사가 나타났지만 소돔과 고모라를 방문한 천사가 둘(창 19:1)인 것을 볼 때, 세 천사는 하나님과 하나님을 호위한 두 천사라고 볼 수 있다.[99] 아브라함은 급히 달려가서 그들을 영접하고 맛있는 진수성찬을 만들어 대접하였다.

유재덕은 자신의 책에서 아브라함이 낯선 사람들을 손님으로 모시고 극진히 대접한 이유를 두 가지로 설명하고 있다.[100] 첫째, 중동지역의 풍습에 따른 것이다. 유목민들은 자신도 사막에서 예상치 못한 어려움을 겪을 수 있기 때문에 낯선 사람에게 기꺼이 음식과 잠자리를 제공한다. 둘째, 종교적인 믿음과 깊은 관계가 있다. 고대 사람들은 하나님께서 천사를 보내시어 사람의 선행을 시험한다는 믿음을 가지고 있다.

하나님께서는 아브라함에게 소돔과 고모라의 타락상과 멸망의 계획을 알려주시었다. 이것은 하나님께서 아브라함에게 중보기도 할 기회를 주신 동시에 아브라함이 중보기도로 나아갈 수 있는가를 시험하신 것으로 볼 수 있다. 아브라함은 하나님의 기대에 한 걸음 더 나아가 자신의 목숨을 담보로 소돔과 고모라의 구원을 위한 중보기도를 드렸다. 아브라함의 성숙한 중보기도는 소돔과 고모라를 구출하지 못하였지만, 롯과 그의 두 딸을 구출하였다.

---

99) 제자인 편집, 「그랜드종합주석 1: 창세기」, 530.

100) 유재덕, 「맛있는 성경이야기」 (서울: 강같은 평화, 2009), 17-8.

1) 중보기도의 이유

a) 구원의 한 방편

눅 19:7 "뭇사람이 보고 수군거려 이르되 저가 죄인의 집에서 유하러 들어갔도다." '죄인' 은 헬라어로 ἁμαρτωλός(*하말톨로스*)이고, 종교적으로, 윤리적으로, 도덕적으로 완전히 타락하여 구원의 가망이 전혀 없는 악한 사람을 말하고, 삭개오는 대표적인 인물이었다.

종교적으로, 그는 완전히 타락한 사람이었다. 그는 배교하여 로마 신들과 로마 황제를 열렬하게 숭배함으로 인정받아 세리로 임명받았다. 그는 세리가 된 후에 더욱 광신적으로 숭배자가 되므로 신임을 얻어 세리장으로 진급하였다. 그는 세리장의 신분을 유지하기 위해 자신의 가족들을 로마 신들과 로마 황제의 숭배자들로 만들었고, 유대인들을 개종자로 만들기 위해 개종을 받아들인 사람들에게는 세금을 경감해주었지만, 개종을 받아들이지 않는 사람들에게는 과중한 세금을 부과하는 악행을 저질렀다. 또한, 그는 로마 관리들의 잔치에 적극적으로 참여하거나 잔치를 베풀어 그들을 초청하기도 함으로 매일 주지육림에 빠져 살았다. 그는 십계명 중 "나 외에는 다른 신들을 네게 두지 말라."와 "네 이웃의 아내를 탐하지 말라."라는 두 계명을 동시에 범하였다.

윤리적으로, 그는 자신의 동족들에게 많은 세금을 징수함으로 민족의 배신자였다. 삭개오는 이스라엘 백성으로부터 세금을 받기 위해 악랄하고 포악한 방법과 행동을 거침없이 하였다. 그는 심지어 자신의 부하인 세리들을 독려함으로 그들도 자신과 함께 세금을 징수하기 위해 수단과 방법을 가리지 않게 되었다. 삭개오는 이스라엘 사회부터 악한 인간의 상징이 되었습니다.

도덕적으로, 그는 자신의 양심을 거슬려 부당한 세금을 징수함으로 부자가 된 악한 사람이었다. 눅 19:2 "삭개오라 이름하는 자가 있으니 세리장이요 또한, 부자라." 여기서 "세리장이요 부자라."라는 말은 삭개오(Zacchaeus)가 자신의 양심을 거슬려 과다한 세금을 징수하고 그것을 횡령하여 부자가 되었다는 것을 고발하고 있다.

삭개오가 눅 19:3-4 “그가 예수께서 어떠한 사람인가 하여 보고자 키가 작고 사람이 많아 할 수 없어 … 돌무화과나무에 올라가니 이는 예수께서 그리로 지나가시게 됨이러라.” 라는 말씀처럼 키가 작은 장애에도 돌무화과나무(Sycamore-Fig)에 올라갈 수 있었던 것은 변화의 소원이 그의 마음에 강렬하게 왔기 때문이다. 변화의 소원은 삭개오가 키 작음이라는 장애와 많은 군중의 손가락과 비웃음을 극복하고 돌무화과나무에 올라가게 한 힘이 되었다.

그렇다면 변화의 소원은 어떻게 삭개오에게 왔을까? 그것은 그의 부모님의 끈질긴 기도와 주님의 역사하심의 결과이다. ‘깨끗한, 정결한’ 이란 삭개오 이름의 의미를 볼 때, 하나님의 말씀에 순종하여 자신들의 자녀가 ‘깨끗하고 정결한’ 삶을 살기를 원하는 부모님의 기도와 그렇게 될 줄 믿는 부모님의 신앙 고백이 있음을 알 수 있다.

삭개오는 부모님의 기대와 달리 로마의 앞잡이가 되어 악랄한 행동을 서슴없이 행하므로 여리고에서 소문난 악인이 되었다. 그런 삭개오의 행동을 보고 부모님은 깊은 절망과 불평과 좌절을 하기도 하였지만, 자녀의 영혼과 회개함을 위해 매일 눈물로 하나님께 기도하였다. 하나님께서는 때가 되매 부모님의 기도를 들어주시고 삭개오의 마음에 강렬한 변화의 소원을 주시고, 삭개오는 돌무화과나무에 올라감으로 주님을 만나게 되었다.

행 6-7장을 보면, 초대 교회 일곱 집사 중 한 사람인 스데반 집사가 은혜와 권능이 충만하여 큰 기사와 표적을 민간에 행하므로 많은 유대인 백성이 예수님을 영접하였다. 또한, 그는 유대교 지도자들의 불법적인 행위들을 거침없이 공격하였다. 그들의 추종자들은 증인 사울이 보는 앞에서 스데반 집사를 돌로 쳐죽였다. 스데반 집사는 죽어가는 순간에 무릎을 끓고 행 7:60 “주여 이 죄를 그들에게 돌리지 마옵소서.” 라고 사울 청년과 유대인들을 위해 기도하였다. 스데반 집사의 기도는 교회를 핍박하러 가던 사울이 다메섹에서 주님을 만나 거듭나게 하였다. 중보기도는 하나님께서 사용하시는 구원의 한 방편임을 알 수 있다.

b) 구원의 중보기도

눅 19:10 "인자가 온 것은 잃어버린 자를 찾아 구원하려 함이니라." 여기서 '구원'은 좁게는 하나님의 자녀로 거듭나 천국을 소유하게 되는 것을 말하고, 넓게는 하나님의 자녀로 거듭나 변화를 받아 선한 행동과 습관으로 살아가는 것을 말한다.

눅 15:11 이하를 보면, 아버지에게 두 아들이 있었다. 그 당시 풍습에 의하면 아버지가 죽어야만 자식은 자신의 몫을 상속할 수 있었지만, 둘째 아들은 아버지의 품을 떠나 세상의 풍습에 따라 살고 싶은 열망이 너무 커 아버지께 자신의 몫을 요구하는 불효를 범하였다.

둘째 아들은 자신의 몫을 받고, 며칠 후에 다 팔아서 문명이 발달하고 살기가 좋은 먼 나라로 가 한동안 자신이 원하는 삶을 살았다. 그러나 그는 재산을 모두 탕진하고 농장에 들어가 돼지를 치며 살게 되었다. 농장 주인은 인색하여 음식을 조금밖에 주지 않음으로 그는 매일 돼지가 먹는 쥐엄 열매로 배를 채웠다. 그는 고통 중에 아버지의 집이 얼마나 소중한가를 깨닫고, 집으로 돌아오게 되었다.

아버지는 둘째 아들이 집을 나간 후부터 그때까지 계속 아들을 기다리고 있었다. 어느 날 동네 사람으로부터 둘째 아들이 돌아오고 있다는 말을 듣고, 아버지는 집안에서 기다릴 수가 없어 집 밖에 나가 기다리다가, 멀리서 둘째 아들이 보이자 뛰어가 아들을 안고 입을 맞추며 뜨거운 눈물을 흘렸다. 아버지는 가장 좋은 옷과 반지와 신발로 아들을 치장하고 살진 송아지를 잡아 큰 잔치를 베풀었다.

하나님께서는 시 27:10 "내 부모는 나를 버렸으나 여호와는 나를 영접하시리이다."라는 고백처럼 어떤 경우에도 절대로 포기하시지 않으시고 때가 되면 반드시 구원하신다. 하나님께서는 신자들이 구원의 중보기도를 계속하기를 원하고 계신다.

c) 주님과 성령님의 중보기도

롬 8:26 "이처럼 성령도 우리의 연약함을 도우시니 우리는 마땅히 기도할 바를 알지 못하나 성령이 말할 수 없는 탄식으로 우리를 위해 친히 간구하시느니라." '간구하시다'는 헬라어로 ὑπερεντυγχανω(*휘페렌튕카노*)이고, ὑπερ(*휘페르*; 누구를 대신하여)와 ἐντυγχανω(*엔튕카노*; 간청하다, 호소하다)의 합성어이다. 이 단어는 '우리를 대신하여 간청하다, 호소하다'는 의미로 성령 하나님께서 우리를 대신하여 하나님께 간청하는 중보기도를 말한다.

알버트 반즈는 로마서 주석서에서 그리스도인들이 빌 바를 알지 못하는 이유를 네 가지로 설명하고 있다. 첫째, 어떤 것이 자신에게 가장 최선인가를 알지 못한다. 둘째, 하나님께서 그들에게 베풀어 주시기를 원하신다는 사실을 모른다. 셋째, 하나님의 섭리 이유나 통치의 원리 그리고 자신들의 진정한 소원이 무엇인지를 잘 알지 못한다. 넷째, 그들은 환경으로 말미암아 종종 참으로 깊은 혼란에 빠진다.101)

성령 하나님께서는 우리가 빌 바를 알지 못할 때 안타까워하시며 간절하게 중보기도를 하신다.

롬 8:34 "누가 정죄하리요 죽으실 뿐만 아니라 다시 살아나신 이는 그리스도 예수시니 그는 하나님 우편에 계신 자요 우리를 위하여 간구하시는 자시리라." '간구하시다'는 헬라어로 ἐντυγχανω(*엔튕카노*)이고, '간청하다, 호소하다'라는 의미이다. 이것은 예수님의 사역을 말하는 것으로 두 가지 의미가 있다. 하나는 변호사가 법정에서 우리를 대신하여 호소해주는 것처럼 하나님께 우리의 죄를 위해 호소해주시는 것이고, 다른 하나는 하나님께 우리를 위해 '간청', 즉 중보기도를 해주시는 것이다.

우리를 위한 중보기도는 성령 하나님과 성자 하나님의 동일한 사역임을 알 수 있다.

---

101) 알버트 반즈, *Barnes' Notes on The New Testament Commentary: Romans*, 「로마서」 (서울: 크리스챤, n.d.), 384.

2) 중보기도의 비결

a) 불쌍히 여기는 마음

중보기도의 시험은 아브라함이 이미 용서의 시험을 통과한 후에 온 것이다. 아브라함이 용서의 시험을 통과하지 못하였다면 절대로 이 시험을 통과할 수 없다. 아브라함은 롯이 자신을 배신한 것은 재물을 사랑하는 탐욕에서 비롯된 것임을 알고 탐욕에 사로잡혀 있는 그의 영혼을 불쌍히 여기는 마음을 갖게 되었다. 아브라함은 이런 롯을 불쌍히 여기며 롯의 탐욕스런 마음을 제거해 달라고 하나님께 기도하였다.

이것은 마 5장에 기록되어 있는 산상수훈의 팔복과 밀접한 관계가 있다. 로이드 존스(D. Martyn Lloyd-Jones)는 팔복에 대하여 다음과 같이 주석하고 있다. 첫째 복, '심령이 가난함' 이란 속을 비우는 것을 말하는 것으로 욕심과 미움을 비우는 것이다. 둘째 복, 심령이 가난함을 발견한 자는 자신의 무능, 죄에 대해 애통하게 된다. 셋째 복, 가난함과 애통하는 자가 된 사람은 자신과 다른 사람에게 부드러운 온유한 사람이 된다. 넷째 복, 죄를 지으려는 욕망에서 해방되어 적극적으로 성결해지기를 소원하는 의에 주리고 목마름에 나아가게 된다.

다섯째 복, '긍휼히 여김' 은 하나님께 속한 성품으로 불쌍한 생각과 고통을 제거하려는 의욕이 합쳐진 것을 의미한다. 여섯째 복, '마음이 청결함' 이란 '위선이 없는, 신실한, 정화된, 흠이 없는' 이란 뜻으로 마 22:37 "네 마음을 다하고 목숨을 다하고 뜻을 다하여 주 너의 하나님을 사랑하라." 라는 주님의 제1계명에 순종하여 하나님의 영광을 위해 사는 것을 말한다. 일곱째 복, '화평케 함' 이란 온유와 연결되는 것으로 화평을 만든 것을 말한다. 여덟째 복, '의를 위해 박해받는 것' 이란 선하고 고상하며 자기 희생적이기 때문에 박해를 받는 것을 의미한다.

신자는 심령의 가난함과 애통함을 통해 온유한 자가 된다. 온유한 자는 주님처럼 이웃을 불쌍히 여기는 긍휼의 마음과 사랑하는 마음을 갖게 되고,

자신과 이웃과 화평을 이룬다. 이런 신자는 아브라함처럼 롯과 같은 배신자를 진심으로 용서하는 것을 넘어 불쌍히 여기고 그를 위해 기도하게 된다.

로이드 존스는 "회개한다는 것은 내가 처벌 이외에는 아무것도 받을 자격이 없으며, 만일 내가 용서를 받는다면 그것은 전부 하나님의 사랑과 긍휼로 돌려야 함을 의미하는 것이다."라고 기술하고 있다.[102] 자신의 용서받음에 대한 하나님의 사랑과 긍휼을 이해하고 절실하게 깨닫는 자는 자신에게 죄를 범한 사람들을 용서하는 것을 넘어 불쌍히 여기는 마음을 갖고, 아브라함처럼 중보기도를 할 수 있다.

중보기도는 용서하는 마음을 넘어 영혼을 불쌍히 여기는 마음을 가질 때 실행할 수 있다. 따라서 신자는 주님처럼 영혼을 불쌍히 여기는 마음을 소유하기 위해 기도해야 한다.

b) 반드시 올 구원

눅 18:1-8에 기록되어 있는 과부와 재판장의 비유는 믿음으로 기도하고 낙심하지 말 것을 교훈하시기 위해 예수님께서 말씀하신 것이다. 한 과부는 매일 불의한 재판장을 찾아가고, 재판장은 매일 찾아오는 과부가 너무도 괴로워서 여러 가지 방법을 동원하여 막았지만, 소용이 없었다. 어느 날 재판장은 과부를 집안으로 들어오게 하고 그 연유를 들었다. 그날 재판장은 과부의 말을 믿을 수가 없었다. 그러나 매일 찾아와 자신의 억울함을 호소하는 소리를 듣다 보니 재판장은 자신도 모르게 그것이 사실로 받아들여졌고 과부를 동정하기까지 하게 되었다.

재판장은 과부의 일을 재판에 부쳐 합당한 판결을 내리고 과부의 억울함을 풀어주었다. 이 비유는 "인자가 올 때에 세상에서 믿음을 보겠느냐."라는 권면으로 끝을 맺고 있다. 이것은 응답받을 때까지 믿고 계속 기도할 것을 강조하는 것이다.

---

102) D. Martyn Lloyd-Jones, *Studies in The Sermon on The Mount*, 문창수 역, 「산상설교집 상」 (서울: 정경사, 2000), 5-197.

기도가 응답받기 위해서는 세 가지 조건이 충족되어야 한다. 첫째, 하나님의 뜻이다(요 15:7). 이것은 자물쇠라고 말할 수 있다. 둘째, 믿음을 가져야 한다(눅 18:8). 이것은 열쇠에 해당하는 것이다. 셋째, 낙심하지 말고 계속 기도해야 한다(눅 18:1, 7). 기도는 열쇠를 갖고 자물쇠를 여는 힘이라고 말할 수 있다.

앞에 기술에서, 구원은 두 가지 방면으로 좁게는 하나님의 자녀로 거듭나 천국을 소유하는 것이고, 넓게는 하나님의 자녀로 거듭나 변화를 받아 선한 행동과 습관으로 살아가는 것이라고 정의하였다.

하나님께서는 요 3:16 "하나님이 이 세상을 이처럼 사랑하사 독생자를 주셨으니 이는 그를 믿는 자마다 멸망하지 않고 영생을 얻게 하려 하심이라." 라는 말씀처럼 세상의 모든 사람이 거듭나 하나님의 자녀가 되는 것을 원하신다. 또한, 롬 12:2 "너희는 이 세대를 본받지 말고 오직 마음을 새롭게 함으로 변화를 받아." 라는 말씀의 명령처럼 모든 신자가 날마다 마음을 새롭게 함으로 변화를 받아 선한 행동과 선한 습관으로 살아가는 것을 진정으로 원하고 계신다.

기도의 사람으로 유명한 죠지 뮬러는 "사람이 정말 기도하면 변한다. 기도는 상황을 변화시키기도 하지만, 그 기도를 하는 사람을 변화시킨다. 어떤 사람이 기도하는데도 변하지 않는다면 그는 잘못 기도하고 있기 때문입니다." 라고 말하였다.[103)]

구원과 변화는 대부분 쉽게 일어나는 것이 아니라 장기 마라톤이기 때문에 중간에 믿음을 잃고 낙심하게 된다. 그러므로 주님은 눅 18:8 "인자가 올 때에 세상에서 믿음을 보겠느냐." 라는 반문으로 믿음을 강조하시고, 눅 18:7 "하나님께서 그 밤낮 부르짖는 택하신 자들의 원한을 풀어 주지 아니하시겠느냐." 라고 주님께서는 '그 밤낮', 즉 일정한 시간을 정해놓고 계속 끊임없이 기도할 것을 명령하신다.

어거스틴은 자신의 참회록에서 "열아홉에서 스물여덟까지 9년 동안 나

---

103) 이동원, 「믿음의 뿌리가 된 사람 아브라함」 (서울: 나침반, 2008), 164-5.

의 생활은 유혹과 유혹 속에서, 때로는 속이고 속이는 죄악의 생활이었습니다. 학문으로 공공연하게, 또 거짓된 이름을 가진 종교로는 비밀리에, 나는 온갖 죄를 지었습니다." 라고 고백하고 있다. 그는 점성술과 마니교에 빠져 삶으로 그의 어머니 모니카를 근심하게 하였다. 그러나 어머니 모니카는 때로는 절망하였지만, 아들의 영혼을 위해 쉬지 않고 기도함으로 어거스틴은 거듭나 거룩한 삶을 살게 되었다. 어거스틴은 참회록에서 '어머니의 기도' 라는 소제목에서 자신을 위한 어머니의 기도가 얼마나 절박하였는가를 증언하고 있다.

> 자비로우신 하나님, 당신은 상하고 통회하는 심령을 가벼이 여기시지 아니하시고 진실한 과부의 울음 호소를 들으셨습니다. 언제나 남에게 동정하기를 즐기시고, 당신의 거룩한 종들을 섬기고, 언제나 봉사하는 일을 즐기시고 하루에 아침, 저녁 두 번씩 당신의 제단에 무릎을 꿇지 않는 일이 없도록 경건을 위해 사시고 교회 출석에 언제나 충실하고, 여인들의 잡담과 늙은 부인들의 한담에 가담하지 않으시고, 다만 당신과 얘기함을 무상의 낙으로 삼으시고 계신 내 어머니의 기도를 당신이 들어주셨습니다. 주님, 어찌 이런 여인의 기도를 물리칠 수 있겠습니까? 금이나 은을 구하지 않고 변하고 없어지는 이 땅에 속한 무엇을 구함이 아니고 오직 사랑하는 아들의 죽어가는 영혼만을 위해 간구하는 이 여인의 간구를 어찌 물리칠 수 있겠습니까? 당신의 축복을 받는 내 어머님은 결코 딴 것을 간구하지 않았습니다.[104)]

c) 신자의 사명

송봉모는 자신 책에서 다음과 같이 기술하면서 아브라함이 믿음의 조상으로써 자신의 인품과 사명을 보여주었다고 주장하고 있다.

---

104) 어거스틴, 「어거스틴 참회록」, 김영종 역 (서울: 고려문학사, 1993), 64, 104-6.

> 설화자가 소돔과 고모라에 대한 아브라함의 중재를 장황하게 서술한 두 번째 의도는 아브라함의 인품과 사명을 보여주기 위한 것이다 … 이방신을 섬기고 세속의 감각적 가치관에 따라 타락한 삶을 살아가는 이들의 구원을 위해 하나님께 집요하게 매달린다. 이런 아브라함의 모습을 통해 우리는 만민의 조상으로서의 그의 인품과 사명을 보게 된다 … 아브라함의 사명은 구원 역사에서 그의 후손을 통해 계속 수행된다.[105]

행 1:8 "오직 성령이 너희에게 임하시면 너희가 권능을 받고 예루살렘과 온 유다와 사마리아 땅 끝까지 이르러 내 증인이 되리라."라는 말씀에서 '증인'은 주님의 복음을 말과 행실로 전하는 신자를 말한다. 그러나 이 구절은 "예루살렘과 온 유다와 사마리아 땅 끝까지 복음이 전파되도록 기도하라."라고 달리 번역할 수도 있을 것이다. 하나님께서는 이 땅의 사람들에게 구원을 주시기 위해 신자를 중보기도의 사명자로 세우셨다.

송봉모의 책을 보면, 서울대학교 박 모 교수가 3만 명을 대상으로 "정직과 진실한 인격을 가진 사람이 이 사회에서 살아남을 수 있다고 생각하는가?"라는 주제로 표준 조사한 결과 73%가 넘는 사람들이 정직해서는 한국에서 살아남을 수 없다고 응답하였다고 한다.[106] 하나님께서는 이 땅의 사람들에게 삶의 변화를 주시기 위해 신자를 중보기도의 사명자로 세우셨다.

신자는 하나님께서 자신에게 중보기도의 사명을 주셨음을 인식해야 한다. 신자가 자신의 중보기도 사명을 인식할 때, 그의 중보기도는 뜨거워지고, 때를 얻든지 못 얻든지 절망하지 않고 끊임없이 중보기도를 할 수 있게 된다.

3) 중보기도의 내용

여러 사람의 중보기도를 성경에서 볼 수 있지만, 대표적으로 주님과 솔

105) 송봉모, 「순례자 아브라함 2」 (서울: 바오로딸, 2009), 337-9.
106) Ibid., 342.

로몬 왕의 중보기도를 연구해보면 신자들이 중보기도 할 때 어떤 내용으로 구해야 할지를 알 수 있다.

a) 주님의 중보기도

첫째, 저들의 죄를 사하여 주옵소서.

주님은 눅 23:34 “아버지여 저들을 사하여 주옵소서 자기들이 하는 것을 알지 못함이니이다.” 라고 십자가에 못 박히시는 순간에 그들의 죄를 위해 중보기도를 하셨다.

거듭난 신자는 롬 7:18 “내 속 곧 내 육신에 선한 것이 거하지 아니하는 줄을 아노니 원함은 내게 있으나 선을 행하는 것은 없노라.” 라는 말씀처럼 여전히 아담의 타락한 속성이 있기 때문에 성령님의 능력이 아니고는 의식적이든 무의식적이든 죄를 짓게 된다. 특히 비신자들은 그들의 무지함으로 주님의 복음을 거부하는 죄를 범하게 된다. 따라서 신자는 자신과 신자인 가족과 이웃의 자범죄(Actual Sin)에 대한 사함을 위해, 비신자인 가족과 이웃의 복음거부와 거듭남을 위해 기도해야 한다.

둘째, 저희가 하나가 되게 하소서.

주님은 요 17:21 “아버지여, 아버지께서 내 안에, 내가 아버지 안에 있는 것 같이 그들도 하나가 되어 우리 안에 있게 하사 세상으로 아버지께서 나를 보내신 것을 믿게 하옵소서.” 라고 그리스도인의 연합을 위해 기도하셨다. 피트 그리그(Pete Greig)는 “그리스도인의 연합이라는 이 숭고한 기도는 세상을 향한 하나님의 역할의 핵심이라고 할 수 있는데 오늘날까지 성취되지 못하고 있다. 왜 그럴까?” 라고 안타까워하면서, “분열하고 타인을 용서하지 않는 것은 하나 됨을 위해 간절히 기도하셨던 예수님의 애절한 기도를 부인하는 행위다.” 라고 기술하고 있다.[107] 신자는 자신이 속한 공동체의 연합과 그리스도인들의 연합을 위해 계속 기도해야 한다.

---

107) Pete Greig, *God On Mute*, 윤혜란 역, 「침묵으로 말씀하시는 하나님」, 189.

b) 솔로몬 왕의 중보기도

솔로몬 왕의 중보기도는 왕상 8장에 기록되어 있다. 솔로몬 왕은 성전을 완공하고 언약궤, 즉 법궤를 지성소에 안치한 후 봉헌식을 거행하고 봉헌기도와 중보기도를 드리게 된다. 이 기도는 7가지로 요약할 수 있다.

첫째, 맹세에 대한 공의로운 심판(31-32절)

악인들의 악한 맹세에 대해서는 심판을 내려주시고, 선인들의 선한 맹세는 그대로 성취해주실 것을 기도하고 있다. 이것은 악한 사람의 악한 행위에 대해서는 그에 상응하는 심판을 내려주시고, 선한 사람의 선한 행동에 대해서는 축복으로 보상해달라는 기도이다.

둘째, 회개기도를 들으시고 용서해 주옵소서(33-34절).

이 기도는 눅 23:34에 기록되어 있는 "아버지여 저들을 사하여 주옵소서."라는 주님의 중보기도와 일치하는 기도이다.

셋째, 가뭄에서 비를 주옵소서(35-36절).

구약성경은 이스라엘의 가뭄을 하나님의 징계 결과로 기록하고 있다(신 11:17). 따라서 솔로몬 왕은 하나님께서 징계를 거두시고, 때에 따라 비를 내려주실 것을 기도하고 있다. 신자는 가뭄과 홍수에 대하여 중보기도를 해야 함을 교훈하고 있다.

넷째, 재앙과 질병을 거두어주옵소서(37-40절).

재앙과 질병은 개인적으로, 공동체적으로, 국가적으로, 세계적으로 올 수 있다. 솔로몬 왕은 재앙과 질병은 죄로 말미암아 하나님의 징계로 온 것이므로 회개하고 기도할 때 하나님께서 거두어 주실 것을 기도하고 있다. 역사적으로, 현실적으로 재앙과 질병은 꼭 죄로 말미암아 온다고 말할 수는 없지만, 재앙과 질병을 거두실 분은 오직 하나님뿐이시다. 따라서 개인적으로, 공동체적으로, 국가적으로, 세계적으로 재앙과 질병이 왔을 때, 재앙이 물러가고 질병이 치료될 수 있도록 중보기도를 해야 한다.

다섯째, 이방인의 기도를 응답해주소서(41-43절).

이것은 이방인, 즉 비신자들이 고난을 만나 하나님께 기도하면 들어주실 것을 간구하는 중보기도이다.

여섯째, 전쟁에서 승리하게 하소서(44-45절).

이것은 가족과 이웃과 공동체가 영적 싸움에서 승리하고, 하나님의 사명을 성공적으로 감당할 수 있기를 간구하는 중보기도이다.

일곱째, 포로지에서 보호하소서(46-53절).

이것은 고난과 시험에 빠진 믿음의 가족과 공동체를 위한 중보기도를 말한다.

4) 중보기도의 고려 사항

조이 도우슨(Joy Dawson)은 효과적인 중보기도를 위해 10가지 방법을 제시하였다.[108)]

1. 하나님의 하나님 되심을 찬양한다(대하 20:22, 히 7:25).
2. 아직 고백하지 않은 숨은 죄가 있는지 보여 주시도록 성령님께 시간을 드림으로써 당신의 마음이 하나님 앞에 정결한지를 점검하라(시 66:18, 139:23-4).
3. 성령님의 도우심과 조명하심 없이는 효과적으로 기도할 수 없음을 인정한다(롬 8:26, 엡 5:18).
4. 원수를 강력하게 대적한다. '성령의 검', 즉 하나님의 말씀과 예수 그리스도의 권세 있는 이름으로 공격하라(약 4:7).
5. 무엇을 위해 기도해야겠다고 생각했던 부담이나 욕망, 그리고 상상을 버린다(잠 3:5, 28:26).
6. 이제부터 갖게 될 놀라운 기도 시간에 대해 믿음으로 하나님을 찬양한다.

---

108) Joy Dawson, *Intercession, Thrilling And Fulfilling,* 김세라 역, 「스릴 있고 성취감 넘치는 중보기도」 (서울: 예수전도단, 2009), 99-105.

7. 하나님의 인도하심을 기대하며, 잠잠히 그 앞에 귀 기울이며 기다린다(시 81:11-13, 62:5, 미 7:7).
8. 순종과 믿음으로 하나님이 마음속에 주신 생각대로 행하라(요 10:27, 시 32:8).
9. 가능한 성경을 펴 놓고 기도한다(시 119:105).
10. 하나님이 기도할 제목을 더 주시지 않으면 하나님이 행하신 일에 감사하고 찬양하며 기도를 마친다(롬 11:36).

신자들이 중보기도를 할 때, 이 원칙들을 적용하거나 하나님의 말씀 안에서 자신이 발견한 효과적인 방법을 적용하면 중보기도는 더 강력하고 설득력 있게 된다.

5) 중보기도자의 은혜

트리시아 매캐리 로즈(Tricia Rhodes)는 자신의 책에서 "상처 입은 중보기도자의 꿋꿋한 기도는 하나님의 마음을 움직이는 힘이 있다."라고 기술하면서, 그는 "중보기도자의 삶에서 최고의 상급은 바로 이것이다. 우리가 하나님을 만나 다른 사람들을 위해 기도할 때 하나님의 기쁨이 우리에게 흘러온다는 것이다."라고 말하였다.[109)]

하나님께서는 마 18:12-13 "만일 어떤 사람이 양 백 마리가 있는데 그 중의 하나가 길을 잃었으면 … 만일 찾으면 길을 잃지 아니한 아흔아홉 마리보다 이것을 더 기뻐하리라."라는 말씀에서 알 수 있듯이 한 영혼이 구원받게 될 때 매우 기뻐하신다. 하나님께서 잃어버린 양을 찾는 대표적인 방법은 전도와 중보기도이다. 따라서 하나님께서는 영혼 구원을 위한 전도자와 중보기도자에게 현세적인 상급으로 하나님의 기쁨을 주신다.

---

109) Trica Rhodes, *Intimate Intercession*, 유정희 역, 「친밀한 중보기도」 (서울: 예수전도단, 2009), 112-4.

H. 제8시험: 축복받기 전의 시험(창 20:1-18)

이 시험은 하나님께서 축복을 주시기 전에, 하나님의 축복을 받고 복된 삶을 살아갈 수 있는 성품과 자격을 주시기 위한 시험이라고 말할 수 있다. 아브라함은 약속의 자녀 이삭이 태어날 기한이 가까웠을 때, 예기치 않게 시험을 만나게 되었다.

여러 학자와 주석가는 아브라함이 그랄(Gerar)에 내려간 이유에 대해서는 6가지로 주석하였다. 첫째, 가축을 위한 목초지를 구하기 위한 것이다. 둘째, 그곳이 하나님의 저주 아래 있다는 사실이 싫어져서 혹은 그곳의 사람들의 불의와 사악함 때문에 싫어져서 떠나게 되었다. 셋째, 소돔과 고모라의 멸망 침상을 잊기 위한 것이다. 넷째, 더 많은 사람과 사귀기 위한 것이다. 다섯째, 가나안에서 나그네라는 것을 가르치기 위한 것이다. 여섯째, 흉년 때문이다. 이 중에서 아브라함이 새로운 목초지를 찾아 그랄에 도착하였다는 주장이 유력하다.[110)]

소돔과 고모라의 멸망 기사에 곧바로 이어진다는 점에서 아브라함은 소돔과 고모라 멸망의 충격 여파로 그 땅을 떠났다고 볼 수 있다. 아브라함은 소돔과 고모라의 멸망을 보고 너무도 충격을 받았고, 그곳에 더는 머물고 싶은 마음이 없어지게 되었다. 아브라함은 자신의 마음을 새롭게 하려고 그랄에 간 것으로 짐작할 수 있지만, 한편으로는 하나님의 섭리로 간

110) Claus Westermann, *Genesis*, David E. Green tr (Grand Rapids: Williaam B. Eerdmans, 1987), 148; Charles B. Chavel, *Ramban's Commentary on the Torah: Genesis* (New York: Shilo Publishing House, 1999), 263-7; John Calvin, *The First Book Of Moses: Genesis* (Grand Rapids: Baker Book, 1989), 520-1; 이상근, 「창세기」, 210.

것이다.

아브라함은 사라가 65세일 때 기근으로 애굽에 내려갔던 때와 동일한 방법(창 12:10-20)을 이번에도 사용하여 90세가 된 아내를 누이라고 속였다. 아비멜렉은 그녀의 미모에 반하여 후궁으로 취하였다. 아비멜렉이 90세인 사라를 후궁으로 취하게 된 연유에 대하여 많은 학자와 주석가는 여러 가지로 주석하고 있지만, 칼빈의 주석이 가장 유력하다. "그녀는 나이만큼 많이 늙지 않았다는 것은 가능하다.… 그러나 하나님의 진귀한 은혜 때문에 그녀의 아름다움은 그녀의 다른 재능 가운데서 뛰어났다."[111]

사라는 아비멜렉에게 농락당할 위기에 빠졌지만, 하나님께서 애굽에서와 같이 간섭하심으로 벗어나게 되었다. 하나님께서는 아비멜렉에게 그 밤에 선지자인 아브라함의 아내를 돌려보내면, 그가 기도함으로 네가 살 것이지만, 보내지 않으면 너와 네게 속한 자가 다 반드시 죽으리라고 현몽하셨다. 아비멜렉은 하나님의 말씀을 순종하여 사라를 풀어주고, 아브라함이 아비멜렉을 위해 기도하자 아비멜렉과 그의 아내와 여종은 치료되어 출산하게 되었다. 결과적으로 하나님께서는 거짓말쟁인 아브라함을 중재자(Intercessor)로 만드신 것이다.[112] 이것은 하나님께서 아브라함에게 가장 소중한 것을 받기 전에 적합한 인격과 품성을 소유하도록 시험을 허용하신 것이라고 말할 수 있다.

1) 나쁜 습관의 치료

아브라함이 자신의 아내를 누이라고 속인 일은 성경에 두 번 기록되어 있다. 첫 번째는 애굽에서 행해졌다. 아브라함은 애굽에서 큰 홍역을 치렀지만, 창 12:20 "바로가 그 사람들에게 그의 일을 명하매 그들이 그와 함께 그의 아내와 그의 모든 소유를 보내었더라."라는 말씀처럼 바로에게 많

111) John Calvin, *The First Book Of Moses: Genesis* (Grand Rapids: Baker Book, 1989), 522.

112) Victor P. Hamilton, *Handbook on The Pentateuch*, 96.

은 재물을 받고 아내와 함께 단지 추방당함으로 자신의 약점에 대하여 치료받을 기회를 얻지 못했다.

두 번째는 그랄에서 행해졌다. 성경은 아브라함이 무슨 이유로 그랄에 갔는지를 명확하게 설명하고 있지 않음으로 그 이유를 알 수 없지만, 이것은 우연한 일이 아니라 필연적인 일로 볼 수 있다.

웬함(G. Wenham)은 이 단락의 구조를 글의 내용에 따라 아래와 같이 교차대구 구조(Chiastic Structure)로 분석하고 있다(괄호 안에 N은 Narrative의 약자로 이야기체를 말하는 것이고, D는 Dialogue의 약자로 대화체를 말하는 것이다).[113]

A. 그랄에 아브라함의 정착	20:1(N)
B. 사라에게 아브라함의 지시	20:2a(D)
C. 아비멜렉이 사라를 취함	20:2b(N)
E. 하나님께서 아비멜렉에게 경고하심	20:3-7(D)
F. 아비멜렉이 그의 종들에게 경고함	**20:8(N)**
E'. 아비멜렉이 아브라함을 책망함	20:9-13(D)
C'. 아비멜렉이 사라를 돌려보냄	20:14(N)
B'. 아비멜렉이 아브라함과 사라에게 말함	20:15-16(D)
A'. 아브라함이 아비멜렉과 그의 가정을 위해 기도함	20:17-18(N)

이 단락의 중심(The Center of This Unit)은 아비멜렉이 그의 종들에게 경고함(20:8)이 된다. 이것은 첫 번째 기근의 기사에 없는 기록이다(창 12:17-20).

아비멜렉은 아브라함을 책망하기 전에 자신의 신하들에게 창 20:7 "이제 그 사람의 아내를 돌려보내라 그는 선지자라 그가 너를 위하여 기도하

113) Gordon Wenham, *Word Biblical Commentary: Geneis 16-50* (Dallas: Word Books, 19994), 68.

리니 네가 살려니와 네가 돌려보내지 아니하면 너와 네게 속한 자가 다 반드시 죽을 줄 알지니라."라는 하나님의 엄중한 경고를 전하면서 책망하였다. 이 모든 일은 아브라함의 거짓말 때문에 발생하였다. 아비멜렉의 신하들은 이것을 깨닫고, 아브라함을 찾아가 "당신의 거짓말 때문에 우리가 왕께 책망을 받았다."라고 원망하였을 것이다. 아브라함의 약점은 자신뿐만 아니라 그랄의 모든 사람이 알게 되었다.

김서택은 "저는 아브라함이 그랄에서 콤플렉스로부터 벗어났을 것이라고 생각합니다. 왜냐하면, 온 세상 사람들이 그의 콤플렉스를 다 알아버렸기 때문입니다."라고 기술하면서 아브라함이 그랄에서 자신의 약점에서 벗어났을 것으로 추측하고 있다.[114]

하나님께서는 아브라함이 아내를 누이로 속이는 일을 다시 한 번 재현하게 하시고, 자신의 약점을 분명하게 깨닫고 그 약점을 극복할 수 있는 은혜를 주신 것이다.

a) 반복된 악의적인 거짓말

아브라함은 애굽과 그랄에서 동일하게 아내 사라를 누이라고 거짓말함으로 사람들을 속였다. 아브라함의 반복된 악의적인 거짓말은 아담의 후손들이 가지고 있는 죄를 짓는 성향에 뿌리를 두고 있지만, 근본적인 뿌리는 요 8:44 "너희는 너희 아버지 마귀에게서 났으니 너희 아비의 욕심대로 너희도 행하고자 하느니라 그는 처음부터 살인자요 진리가 그 속에 없으므로 진리에 서지 못하고 거짓을 말할 때마다 제 것으로 말하나니 이는 그가 거짓말쟁이요 거짓의 아비가 되었음이라."라는 말씀처럼 마귀이다.

반복된 악의적인 거짓말은 이스라엘 사울 왕에게도 볼 수 있다. 하나님께서는 사무엘 선지자를 통하여 사울 왕에게 아말렉을 정복하고 삼상 15:3 "남녀와 소아와 젖 먹는 아이와 우양과 낙타와 나귀를 죽이라."라고 명령

114) 김서택, 「불의한 시대를 사는 의인들」, (서울: 홍성사, 2005), 159.

하셨다. 그러나 사울은 아말렉을 점령할 때 아말렉 왕, 아각을 사로잡았고, 양과 소의 좋은 것과 값진 물건은 탈취하였다. 사무엘 선지자는 이런 사울의 행동을 엄하게 책망하자 사울은 삼상 15:21 "가장 좋은 것으로 길갈에서 당신의 하나님 여호와께 제사하려고 양과 소를 끌어 왔나이다."라고 거짓말을 하였다.

사무엘 선지자는 거짓말하고 있는 사울에게 삼상 15:23 "점치는 자와 완고한 것은 사신 우상에게 절하는 죄와 같음이라."라고 경고하였다. 그러나 사울은 삼상 15:24 "내가 여호와 명령과 당신의 말씀을 어긴 것은 내가 백성을 두려워하여 그들의 말을 청종하였음이니이다."라고 다시 거짓말을 하였다.

하나님께서는 여러 번의 기회를 주셨지만, 사울이 상습적으로 거짓말을 하고, 회개하지 않음으로 삼상 15:35 "여호와께서는 사울을 이스라엘 왕으로 삼으신 것을 후회하였더라."라고 그의 왕위를 박탈할 것을 최종 판결하셨고, 후에 다윗에게 왕위가 넘어가게 되었다.

행 5:1-11을 보면, 아나니아(Ananias)는 자신의 아내 삽비라(Sapphira)와 함께 소유를 팔고, 아내와 공모하여 그 중 얼마는 숨기고 남은 것을 베드로 사도에게 가져왔다. 그러나 베드로는 성령님의 역사로 이를 알게 되었고, 이것은 사람에게 거짓말한 것이 아니요 하나님께 한 것이라고 책망하였다.

아나니아는 베드로의 책망을 듣자마자 엎드려져 혼이 떠나 죽었다. 그가 죽음을 부른 거짓말을 하게 된 것은 그가 평소에 상습적으로 거짓말한 결과인지 모른다. 왜냐하면, 그는 평소에 습관적으로 거짓말하였기 때문에 양심이 마비되어 하나님께도 대수롭게 생각하지 않고 거짓말을 하였을 수도 있기 때문이다.

칼빈은 이 기만의 배후에는 다음과 같은 많은 악이 숨겨져 있다고 기술하였다. ① 하나님을 두려워하지 않고 멸시한 일, ② 하나님께 바치기로 한 것의 일부를 절취함으로 신성을 모독하는 부정을 자행한 일, ③ 그릇된 허영심과 야심 앞에서 환심을 사고자 한 일, ④ 불신앙, 하나님을 믿는다면 그러한 범행의 길에 발길을 내딛지 않을 것이가 때문이다. ⑤ 신앙적이고 거룩한 계획을 망쳐놓은 일, ⑥ 실제적인 위선이 그 자체 안에 있는 큰 죄악이다.

베드로는 아나니아가 이 죄를 짓게 된 원인을 행 5:3 "사탄이 네 마음에 가득하여."라고 처방을 내리고 있다. 칼빈은 "이러한 일이 생겨난 것은 그 마음을 사탄에게 빼앗겨 버렸기 때문에 베드로가 말한 것은 지당한 말이다."라고 주석하였다.[115]

아나니아가 거짓말한 것은 한편으로는 사탄에게 마음을 빼앗겨 그릇된 허영심과 야심에 사로잡혔고, 다른 한편으로는 초대 교회 신자들에게 칭찬을 받고 싶은 마음과 자신을 위해 일부 남겨 놓고 싶은 욕심에서 타협점을 찾는 결과이다. 그러나 근본적인 뿌리는 아나니아의 상습적인 거짓말에 있다.

거짓말하면 생각나는 예가 있다. "6. 25 전쟁 때 다락방에 국군을 숨긴 어느 집에 인민군이 난입하여 집주인에게 국군의 향방을 물었다. 주인은 국군의 생명을 살리기 위해 자신의 집에 오지 않았다고 말하였다." 어떤 사람은 넓은 의미를 적용하여 이것은 목적이 선할지라도 거짓말이라고 주장한다. 다른 사람은 좁은 의미를 적용하여 이것은 생명을 살리기 위한 선한 행위이므로 거짓말이 아니라고 주장한다.

거짓말의 기준은 넓은 의미가 아닌 좁은 의미를 적용해야 한다. 좁은 의미의 거짓말은 사람이 마귀의 조정을 받아 자신의 불의한 이익을 위해, 다른 사람에게 해를 주기 위해 행한 악의적인 거짓말이라고 정의할 수 있다. 아브라함은 자신의 이익을 위해 두 번이나 동일한 거짓말을 하여 사람들을 속였으므로 반복된 악의적인 거짓말을 한 것이다.

신자는 자신도 모르게 마귀의 조정을 받아 악의적인 거짓말을 상습적으로 할 수 있다. 따라서 항상 정직한 말을 하도록 자신의 언어 습관을 관리해야 한다. 또한, 하나님께 기도함으로 자신의 혀를 다스릴 수 있는 능력을

---

115) John Calvin, Acts, 존 · 칼빈성경주석출판위원회 역, 「칼빈 성서주석 5: 사도행전 I」, 181-6.

받아야 한다.

b) 의심

고사이(Hemchand Gossai)는 자신의 책에서 다음과 같이 기술함으로 아브라함이 그랄에서 사라를 누이라고 속인 것은 아브라함이 다른 사람에게 대한 의심, 즉 불신에 뿌리를 두고 있다고 진단하고 있다.[116] 다른 사람을 의심하는 것은 다른 사람에게 끝나는 것이 아니라 결국에는 하나님을 의심하는 데까지 발전한다. 그러므로 하나님께서 다른 사람에게 대한 아브라함의 신뢰 결핍을 치료해주셔야만 하셨다.

> 해설자(narrator) 자신의 묘사에 의하면, 아브라함은 그랄에 단지 체류자이다. 그렇지만 진술의 직접적인 요점은 다른 사람에 대한 의심(distrust) 중 하나이고, 이 의심은 차례로 아비멜렉에게 대하여 아주 특별하고 직접적인 결과를 허용한다. 다른 사람의 희생으로 그의 개인적인 번영과 안전에 오로지 초점을 맞추는 결정을 내린 것은 다른 사람에 대한 관점에서 아브라함의 인격적인 결핍이다. 더군다나, 그와 같은 신뢰의 결핍은 상속자를 위한 사라의 현재와 미래의 전망을 희생으로 받친다.

① 자기 자신의 신뢰 회복

자신에 대한 신뢰를 회복하는 지름길은 바로 자신의 공언이나 약속이 자신에게 불리할지라도 반드시 지키는 것이다. 성경에서 대표적인 인물로 입다를 들 수 있다.

삿 11:29를 보면, 입다는 군사들과 함께 암몬 자손을 공격하기 위해 진군하였다. 입다는 군사들의 사기를 높여주기 위해 삿 11:31 "내가 암몬 자

116) H. Gossai, *Barrenness and Blessing* (Eugene: Cascade Books, 2008), 19.

손에게서 평안히 돌아올 때에 누구든지 내 집 문에서 나와서 나를 영접하는 그는 여호와께 돌릴 것이니 내가 그를 번제물로 드리겠나이다."라고 하나님께 서원하였다. 그러나 이 서원은 하나님의 말씀에 위배되는 서원이며, 하나님의 뜻과 상관없이 자신의 생각에서 나온 서원임을 알 수 있다. 왜냐하면, 하나님께서는 사람을 제물로 드리는 인신 제사를 금하고 계시기 때문이다(왕하 17:17, 23:10). 입다는 곧바로 자신의 경솔함에 후회했는지도 모른다. 그러나 그는 잘못된 서원이지만 일단 한 것이기 때문에 반드시 지키기로 하였다.

입다는 전쟁에서 이기고 돌아오자마자 곧바로 자신의 집으로 부하들을 데리고 갔고, 집 문 앞에서 그를 영접한 사람은 무남독녀인 그의 딸이었다. 입다는 삿 11:35 "입다가 이를 보고 자기 옷을 찢으며 이르되 어찌할꼬 내 딸이여 너는 나를 참담하게 하는 자요 너는 나를 괴롭게 하는 자 중의 하나로다 내가 여호와를 향하여 입을 열었으니 능히 돌이키지 못하리로다." 라는 말씀처럼 자신의 옷을 찢고, 가벼운 입을 원망하며 부하들이 보는 앞에서 통곡하며 울었다. 그 관경을 본 모든 사람은 함께 눈물을 흘리며 그 서원은 군사들의 사기를 위해 임시방편으로 한 것이고, 하나님의 말씀에 적합하지 않은 서원이므로 지키지 않아도 된다고 말하였다. 그러나 입다는 모든 사람의 만류에도 자신의 딸을 번제물로 드렸다(삿 11:39).

이스라엘 백성은 입다의 신의를 존경하고, 아버지의 말에 순종하여 자신의 목숨을 순순히 드린 딸의 신앙심과 효심을 기념하기 위해 이스라엘의 딸들이 해마다 입다의 딸을 번제물을 드린 곳에 가서 나흘씩 애곡하였다(삿 11:40).

입다는 자신의 서원을 지킴으로 하나님과 백성으로부터 신뢰를 얻었을 뿐만 아니라 무엇보다 자기 자신에 대한 신뢰를 더욱 견고히 형성하게 되었다.

사람은 자기 자신을 신뢰하는 분량만큼 다른 사람을 신뢰하게 된다. 자기 자신에게 신뢰가 큰 사람은 다른 사람을 크게 신뢰하지만, 자기 자신에게 신뢰가 적은 사람은 다른 사람을 거의 신뢰하지 않게 된다. 따라서 다른 사람을 신뢰하기 위해서는 먼저 자기 자신에 대한 신뢰를 회복해야 한다. 이것의 지름길은 바로 자신의 약속과 공언이 자신에게 불리할지라도 반드시 지키는 것이다.

② 상대방 신뢰

아오키 마사 미쯔는「사람과 만나는 것이 즐겁다」란 자신의 책에서 사람과 사귀는 것은 '요령' 이라는 전제 아래 '10가지의 색다른 인간 기술(Human Skill)' 을 제시하였다.[117)]

① 좋은 정보를 아까워 말고 주자. ② 고통스러운 일은 참지 말라. ③ 호기심이 왕성한 사람이 되자. ④ 상대를 먼저 신용하라. ⑤ 사람과 만나는 장소에 대한 이해를 하자. ⑥ 직감력을 길러라. ⑦ 대담하고 솔직하게 자신을 이해시켜라. ⑧ 먼저 감사의 말을 해라. ⑨ 상대의 옆얼굴을 바라보며 이야기해라. ⑩ 좋게 끝내는 헤어짐의 미학을 만들자.

상대방을 먼저 신뢰하기 위해서는 상대방의 단점보다 장점을 보아야 한다. 상대방의 약점만 보는 사람은 신뢰가 생기지 않고 오히려 의심만 가중된다. 따라서 우리는 의식적으로 상대방의 장점을 찾고 바라보아야 한다. 이것은 상대방을 신뢰하는 출발점이다.

아오키는 심리학자의 말을 인용하여 인간과 인간의 신뢰는 상대가 가진 성실한 태도에서 생기기 때문에 특히 대화할 때 세 가지, 즉 ① 마음을 여는 것(진심) ② 상대를 따듯하게 바라보는 것(배려) ③ 상대의 말을 열심히 듣는 것(투입) 등을 적용하라고 권면하고 있다.[118)] 결론적으로, 그는 "상대를 신용해야 자기도 신용을 받는다." 라고 말하고 있다.

자신이 먼저 상대방을 신뢰하겠다는 결정을 내리고 신뢰의 눈으로 바라

---

117) 아오키 마사 마쯔,「사람과 만나는 것이 즐겁다」, 김한신 역 (서울: 앞선책, 1995), 13, 187-217.

118) Ibid., 196.

보게 되면, 자신의 마음에 상대방에 대한 신뢰의 마음이 생기게 되고, 상대방을 신뢰하게 된다. 이것이 계속되게 되면, 신뢰가 일시적이거나 단기적으로 끝나지 않고 자신의 성품이 된다. 또한, 자신이 먼저 상대방에게 신뢰를 보이면, 상대방도 신뢰를 보이고 이것이 계속되면, 상호 간에 신뢰가 쌓이고, 서로의 품성으로 자리 잡게 된다. 따라서 상대방이 우리에게 신뢰를 보여주어야 우리가 상대방을 신뢰하는 것이 아니라 먼저 우리가 상대방에게 신뢰를 보여줄 때, 그것은 자신과 상대방에게 부메랑이 되어 품성으로 자리 잡게 된다.

2) 존재감과 사명의 각인

고사이는 "사라를 그의 누이라고 제물로 바침으로 아브라함은 약속의 어머니로서 사라의 미래가 위험에 빠지는 것을 허락한다, 그리고 이처럼 약속의 미래는 위험해진다."라는 기술로 아브라함이 하나님께서 자신에 준 사명을 분명하게 인식하지 못하고 있음을 말하고 있다.[119]

하나님께서는 아비멜렉에게 창 20:7 "그는 선지자라."라고 말씀하심으로 아브라함에게 자신의 사명을 각인시켜주신 것이다. 밀스는 하나님께서 아브라함을 선지자라고 말씀하신 것은 구약에서 예언자의 일에 대한 첫 번째 성경의 언급이라고 기술하고 있다.[120] 하나님께서는 복의 근원과 만민의 아버지라는 존재감을 넘어 하나님의 말씀을 전하는 선지자의 직분을 주셨다는 것을 선언하심으로 아브라함에게 자신의 사명을 각인해주셨다.

사울과 다윗은 모두 하나님께 왕으로 택함을 받고, 기름 부음을 받아 왕이 되었지만, 왕으로서의 존재감과 사명에 대하여 사울은 분명하게 인식하지 못했지만, 다윗은 분명하게 인식하였음을 알 수 있다.

사울은 왕으로서 자신의 존재감과 사명에 대하여 분명하게 인식했다는

119) H. Gossai, *Barrenness and Blessing*, 19
120) Watson E. Mills, *Pentateuch/ Torah*, 40.

기록이 성경에 없다. 이에 따라 사울은 다윗을 시기하고 질투하여 그를 죽이려고 쫓아다니는 것에 자신의 삶과 에너지를 투자하였다.

다윗은 대상 14:2 상반 절 "다윗이 여호와께서 자기로 이스라엘 왕을 삼으신 줄을 깨달았으니."라는 말씀처럼 하나님께서 자신을 이스라엘 왕으로 삼으신 것을 분명하게 깨달았고, 자신의 존재감을 인식하였다. 그러므로 사울의 생명을 위협하는 수많은 공격 앞에서도 좌절하지 않고 끝까지 버틸 수가 있었다.

그는 눈만 뜨면 자신이 이스라엘 왕이 되어 하나님의 뜻대로 이스라엘을 통치해 나아가는 영광의 새 아침을 보았고, 그때마다 그는 하나님의 은혜를 찬양하게 되었다. 다윗은 이스라엘의 노래 잘하는 자가 되어 믿음과 감사와 체험의 노래인 시편을 많이 쓰게 되었다.

다윗은 대상 14:2 하반 절 "이는 그 백성 이스라엘을 위하여 나라를 진흥하게 하셨음이라."라는 말씀처럼 하나님께서 자신을 통해 이루시려고 하는 목적, 즉 사명을 분명히 알고 있었다. 그러므로 다윗은 사울의 공격을 피해 도망간 광야와 블레셋 땅에서도 믿음을 잃지 않고, 오직 조국을 진흥시키는 방법과 전략을 공부하고 연구하였다. 마침내 그는 왕권 중심의 강력한 국가를 만들고, 막강한 제국을 건설하였다.

자신의 존재감과 사명을 분명하게 깨닫는 신자와 깨닫지 못한 신자의 삶은 전혀 다른 결과를 가져온다.

I. 제9시험: 산(山) 추방의 시험(창 21:1-21)

이 시험은 넓은 의미에서 여덟 번째 시험에 포함할 수 있는 시험인 동시에 연결된 시험이라고 볼 수 있다.

아브라함이 100세이고 사라가 90세일 때 이삭을 낳고, 이삭이 젖을 뗄 때, 온 이웃을 초대하여 잔치를 베풀었다. 이때 이삭은 3세이고 이스마엘은 17세이다. 사라는 이스마엘이 어린 아들 이삭을 놀리는 것을 보고 대로하게 되었다.

'놀림, 혹은 희롱' 은 히브리어로 מְצַחֵק(*메차헤크*)이고, '우상들을 숭배하는 것, 살인 그리고 성추행' 등을 언급하는데 사용된다. 챠벌(C. B. Chavel)은 "그는 '나는 장자이고 두 배의 몫을 취할 것이다.' 라고 말하면서 상속 문제로 이삭과 다투었다, 그들은 들판으로 나갔고, 이스마엘은 그의 활을 집어 들고 이삭에게 화살을 쏟았다." 라고 주석함으로 이스마엘이 이삭과 상속 문제로 다투었다고 말하였다.[121)]

웬함은 "사라의 모성의 질투심을 자극하고 그녀의 잔인한 요구들을 유발하는 것은 사회적 차별이 없이 두 아이가 함께 것이다." 라는 스키너(Skinner)의 주석을 소개하고 있다.[122)] 스키너는 이스마엘과 이삭은 그 당시 사회 통념상 분명하게 신분의 차이가 있음에도 동등하게 놀았기 때문에 사라가 대로하게 되었다는 것이다.

칼빈은 "그것은 조소에 대한 악의 표현이었고, 그것으로 먼저 성장한 청년이 그의 유아 동생에게 그의 멸시를 명백하게 하였다." 라고 주석하였다.

121) Charles B. Chavel, *Ramban's Commentary on the Torah: Genesis*, 269-70.
122) Gordon Wenham, *Word Biblical Commentary: Geneis*, 16-50, 82.

그는 결론적으로 그것은 악의 찬 이스마엘의 조소와 멸시였다고 말하였다.[123)]

김서택은 “이것은 장난을 치는 것이 아닙니다. 본격적인 성행위는 아니지만, 성행위에 가까운 애무를 하는 것입니다.”라고 주석하면서 성 학대뿐만 이스마엘은 이삭을 자신의 노예처럼 다루었고, 이것을 본 사라가 대로하게 되었다고 기술하였다.[124)]

성경에서 이스마엘이 어떻게 이삭을 희롱하였는가를 정확하게 알 수는 없다. 다만, 여러 학자와 주석가의 주장에 근거하여 단지 추측할 수밖에 없다. 그러나 분명하게 알 수 있는 것은 이스마엘은 이삭에게 사라가 대로하기에 충분할 정도의 부정적인 행위를 했다는 것이다.

만약 이스마엘이 아브라함의 집에 계속 거주하게 된다면, 육신적인 장자와 약속의 장자가 상속 문제로 충돌하고, 이삭의 장자권이 위협받음으로 하나님의 언약 성취가 지연되거나 불투명해질 수 있는 위험성이 있다. 따라서 두 장자의 충돌을 근본적으로 제거하고, 이삭이 장자권을 자연스럽게 계승함으로 하나님의 언약이 성취되기 위해서는 이스마엘의 추방은 필연적인 일이었다. 김홍전의 다음과 같은 기술에서도 이런 점을 볼 수 있다.[125)]

> 이스마엘이 무서운 악의를 품으면 감행할 수도 있는 때란 말입니다. 그리고 그것을 마치 실수한 것 같이 꾸밀 수도 있습니다. 이런 현실 앞에서 그냥 계속 집에다 두고 지낼 수가 없으므로 사라는 이스마엘을 내쫓으라는 말을 했습니다.
>
> 여기에서 우리는 에덴동산에서 선언하신 최초의 원형적인 복음을 생각할 수 있습니다… 이스마엘이 이삭을 데리고 놀면서 하는 장난을 통해서라도 여인의 후손을 없애려는 사탄의 악계가 덮칠 수도 있는 것입니다 … 이런 무서운 일도 가능한 까닭에 이스마엘을 계속 집에 둘 수 없다는

123) John Calvin, *The First Book Of Moses: Genesis,* 542.
124) 김서택, 「불의한 시대를 사는 의인들」, 216-7.
125) 김홍전, 「하나님의 백성 아브라함」 (서울: 성약, 2006), 248-9.

생각이 사라에게 들었습니다. 사라가… 우선 당장에 이삭에게 큰 위험이 가까이 있음을 알았고, '이 위험의 원천을 왜 집에다 두고 보아야 하느냐?' 하고 하갈과 이스마엘을 내쫓게 됩니다.

사라가 아브라함에게 하갈과 이스마엘을 곧바로 추방해줄 것을 요구하였다. 하나님께서 창 21:12 "하나님이 아브라함에게 이르시되 네 아이나 네 여종으로 말미암아 근심하지 말고 사라가 네게 이른 말을 다 들으라 이삭에게서 나는 자라야 네 씨라 부를 것임이니라."라고 아브라함에게 명령하시었다. 하나님의 명령에 순종하여 아브라함은 하갈과 이스마엘을 내쫓음으로 이삭의 상속과 하나님의 언약은 아무런 방해를 받지 않고 자연스럽게 성취되게 되었다.

이스마엘의 추방은 바로 신자의 산 추방을 의미하고, 산은 하나님과 신자의 관계를 파괴하는 죄를 짓는 성향을 말한다. 왜냐하면, 이스마엘을 추방하지 않으면 이삭을 통한 하나님의 언약 성취가 방해를 받거나 지연되는 것처럼 신자가 산을 추방하지 않으면, 하나님과의 관계가 막혀 자신을 통한 하나님의 약속 성취가 방해받거나 지연되기 때문이다.

신자는 하나님의 도우심과 경건의 연습을 통해 산을 추방하고 넘어야 한다. 신자의 산 추방 정도에 따라 신자의 삶은 하나님의 기쁨이 되기도 하고 슬픔이 되기도 한다. 그러나 어떤 산은 한 번으로 추방할 수 있지만, 어떤 산은 끈질겨서 추방해도 금방 돌아옴으로 평생 추방해야 한다.

1) 탐욕(Greed)

밀스(W. E. Mills)는 "이 세 경우(창 12:10-20, 20:1-18, 26:6-11)에 모두 남편들의 생명이 위험에 처하지 않았다. 왜냐하면, 그 부인들이 그들의 아내들로 발각되었을 때 그 남편들은 아무런 해도 받지 않았기 때문이다. 반대로 그들의 집주인으로부터 부와 보호를 받게 되었다(창 12:16, 20:14, 26:11-14)."라고 기술하면서 이 특별한 이야기들의 진실한 점은 아브라함과 이삭

이 탐욕에 사로잡혀 자신들의 아내를 이용하여 부당한 부를 취득한 것이라고 주장하였다.[126]

골 3:5 "탐심은 우상 숭배이니라.", 엡 5:3 "탐욕은 너희 중에서 그 이름조차도 부르지 말라." 탐심과 탐욕은 헬라어로 πλεονεξία(*플레오넥시아*)로서 같은 단어임을 알 수 있다. πλεονεξία(*플레오넥시아*)는 πλεονέκτης(*플레오넥테스*)에서 유래한 것으로 이것은 πλέιων(*플레이온*; 매우 많은, 더 큰 부분)과 ἔχω(*에코*; 소유하다, 붙잡다)의 합성어이다. 따라서 탐심이란 상대적 빈곤에 사로잡혀 남보다 더 많은 것을 소유하기 위해 수단과 방법을 가리지 않고, 모든 생애를 투자하는 것을 말한다. 이것은 물질을 사랑하는 것을 넘어 숭배하는 것으로 하나님께서 금하신 우상 숭배이다.

아브라함이 믿음의 조상이 되기 위해서는 반드시 탐욕을 추방해야 한다. 왜냐하면, 만약 아브라함이 탐욕을 추방하지 않는다면, 그는 하나님도 섬기고 물질도 섬기는 자가 되므로 믿음의 조상이 될 수 없기 때문이다. 그러므로 하나님께서 약속보다 개인적인 애착, 즉 탐욕에 사로잡혀 갈등하는 아브라함에게 사라의 요구대로 하갈과 이스마엘을 추방할 것을 명령하셨다.

a) 자제의 연습

우벨(Peter A. Ubel)은 "식품 산업이 저렴한 고칼로리 식품을 제조하는 보다 효율적인 공정을 개발하고, 먹는 데 드는 시간 비용을 줄이도록 저장과 포장 방식을 발전시키면서 비만은 하나의 사회적 현상이 되었다."라는 기술로 '시장의 힘'은 비만을 만연하게 한 주요인이라고 주장하였다. 우벨은 대안으로 적절한 규제와 자제의 연습을 제시하면서, 자제력은 '인간적 자아가 지닌 매우 소중한 자질'이라고 말하는 사회 심리학자들의 주장을 인용하면서 자제력은 습득할 수 있는 기술로 연습을 통해 그 능력을 높이는 수 있다고 말하고 있다.[127]

---

126) Watson E. Mills, *Pentateuch/Torah* (Mercer University: Macon, 1995), 40.

이것은 하나의 대안이 될 수 있다. 계속 탐욕의 마음을 비우는 연습을 하고 빈 마음에 하나님의 말씀을 심게 되면, 지나친 탐욕은 사라지고 올바른 물질관이 자리 잡게 될 것이다. 또한, 우리는 구성원의 선한 행동을 장려하는 환경을 만드는 일이 사회의 중요 기능이라고 보았던 아리스토텔레스의 조언[128]에 따라 우리가 속한 공동체가 탐욕에 벗어나 올바른 물질관을 가질 수 있도록 기도하고 노력해야 한다.

b) 항상 감사

살전 5:18 "범사에 감사하라." '범사' 란 헬라어로 πας(*파스*)이고, 영어로 'All Things' 로서 모든 일을 의미한다. 이것은 전천후 감사로 자신의 환경에 상관없이 항상 감사하는 것을 말한다. 왜냐하면, 모든 일은 하나님 약속의 말씀이 실현되고 있는 과정 안에 있기 때문이다.

2009년 1월 7일 자 버스 정류장의 전광판 자막에 독일 5대 부자가 금융위기를 비관하여 자살하였다는 충격적인 뉴스가 보도되었다. 그는 금융 위기로 말미암아 자신의 많은 재산 중 일부가 사라지는 것을 비관하여 자살한 것으로 추측할 수 있다. 그가 잃은 것보다 더 많이 남아 있는 재산에 감사하였더라면 이런 일은 일어나지 않았을 것이다.

사회학자들은 60년 전 지구촌 사람들에게 상대적 필요는 72가지이고 절대적 필요는 18가지이지만, 지금은 상대적 필요는 500가지이고 절대적 필요는 50가지라고 분석하고 있다. 이것을 볼 때, 현대인들은 60년 전보다 더 많은 것을 누리며 살고 있음을 알 수 있다.

진정한 행복은 이 땅에서 더 많은 것을 소유함으로 얻어지는 것이 아니다. 이것은 소유에 관계없이 "어디서 왔다가 어디로 가며, 무엇 때문에 사는가?" 라는 인생의 근원적인 문제에 대한 분명한 해답을 알고, 주어진 현

---

127) Peter A. Ubel, *Free Market Madness*, 김태훈 역, 「욕망의 경제학」 (파주시: 김영사, 2009), 28, 47, 249-273.

128) Ibid., 271.

실에 항상 감사할 때 얻어진다.

c) 청지기관 소유

마 20:8-10 "저물매 포도원 주인이 청지기에게 이르되 품꾼들을 불러 나중 온 자로부터 시작하여 먼저 온 자까지 삯을 주라 하니 제 십일 시에 온 자들이 와서 한 데나리온씩을 받거늘 먼저 온 자들이 더 받은 줄 알았더니 저희도 한 데나리온씩 받은지라." 이 말씀에서 청지기관(Stewardship)에 대한 중요한 원리를 발견할 수 있다. 청지기는 인간의 이성과 세상의 관습과 순리에 역행하는 주인의 두 가지 명령을 그대로 순종해야 한다. 첫째, 나중 온 자로부터 삯을 주라. 둘째, 모두 한 데나리온을 주라.

세상의 관습과 순리에 따르면 임금은 먼저 온 자에게 먼저 주고, 임금은 일한 양에 따라 차등을 두는 것이다. 첫째, "나중 온 자로부터 삯을 주라."라는 명령은 생각에 따라 순응할 수도 있지만, 둘째, "모두 한 데나리온을 주라."라는 명령은 도저히 이해할 수 없는 매우 불합리한 명령이다. 그러나 청지기는 아무런 불평이나 이의를 제기하지 않고, 묵묵히 순종하였다. 여기서 우리는 청지기의 중요한 영성을 볼 수 있다. 청지기의 영성은 주인의 뜻에 철저하게 순종하는 것이다.

물질에 관한 청지기관(Stewardship)은 두 가지 요약할 수 있다. 첫째, 하나님의 방법으로 구하라. 둘째, 하나님의 뜻대로 사용하라.

① 하나님의 방법으로

물질을 하나님의 방법으로 구하는 것은 매우 중요한 일이다. 주님의 거룩한 일을 시작할 때 가장 먼저 부딪치는 문제가 재정의 결핍이다. 만약 이때 인간적 방법으로 물질을 구하게 되면, 대부분은 물질을 구하지 못하고 낭패를 당하게 되지만, 간혹 필요한 물질을 얻게 되더라도 과정 가운데 주위 사람들이 상처를 받는 일이 발생하여 하나님께서 기뻐하시지 않게 된다.

재정에 대한 인간적 방법은 딤전 6:10 "돈을 사랑함이 일만 악의 뿌리가 되나니 이것을 탐내는 자들은 미혹을 받아 믿음에서 떠나 근심으로써 자기를 찔렀도다."라는 말씀처럼 돈으로 미혹을 받아 믿음에서 이탈할 수 있는 위험성을 가지고 있다.

약 6년 전 저자가 소사에서 개회 교회를 담임하고 신학 석사과정을 졸업할 무렵 새벽기도 시간에 박사 과정에 입학하라는 성령님의 감동이 임하게 되었다. 이 당시 재정 상태는 하나님의 도우심으로 교회 건물의 월세와 운영비를 경우 충당할 정도였고, 사례금은 거의 받지 못하고, 생활비는 초등학교 교사인 아내가 충당하고 있었다. 이런 상태에서 박사 과정의 등록금을 마련하기란 불가능한 일이었다. 그러나 하나님께서는 불가능을 가능케 하시고 안 되는 일을 되게 하시는 분이다. 새벽기도 시간에 이 문제를 놓고 기도를 하는데 성령님의 감동이 임하였다. "너 일주일에 두 번씩 보습 학원에 가서 과학을 가르치면 되지 않겠니?"

저자는 성령님의 감동에 순종하여 정보 생활지에 구인 광고를 한 보습 학원에 전화를 걸어 모집 여부를 알아보고 방문하게 되었다. 학원장은 저자의 이력서를 보고 한 마디 질문도 없이 책을 주면서 다음 주부터 일주일 이틀씩 나와 학생들을 가르치라고 하였다.

저자는 박사 과정 3년 동안 그곳에서 과학 과목으로 중학생들을 가르치게 되었다. 중학생들을 대상으로 하는 보습 학원에서는 40세만 넘어도 학생들에게 할아버지 취급을 받고, 심지어 어떤 학생들은 수업을 거부하고 학원 측에 교체를 요청하기도 하는 경우가 있었지만, 한국 나이로 52세인 저자를 중학생들이 잘 따르고 매우 좋아했다. 그 지역의 학생들이 그만큼 순수한 것도 사실이지만, 이 모든 일은 하나님의 은혜 가운데 있었기 때문에 가능한 일이었다.

학원에서 받는 월급으로 등록금과 수많은 전공 서적을 사기에는 항상 부족하였다. 그러나 하나님께서는 필요할 때마다 주위 사람들을 통해 필요한 만큼을 공급해주셨다.

현재 교회를 안양으로 이전하신 지 약 3년이 지나 교회가 어느 정도 성장하였지만, 여전히 작은 교회를 벗어나지 못하고 있다. 그러나 재정은 하나님께 전적으로 맡김으로 풍족하지는 않지만 부족함이 없게 되었다.

저자가 자신 있게 말할 수 있는 것은 재정을 하나님께 온전히 맡긴다면, 하나님께서 필요한 물질을 반드시 채워 주신다는 것이다.

② 하나님의 뜻대로

하나님께서 주신 물질을 하나님의 뜻에 순종하여 사용하는 것은 청지기의 핵심적인 물질관이라고 말할 수 있다. 왜냐하면, 이것은 하나님께서 모든 것의 주인으로서 하나님의 뜻 가운데 물질을 사용할 때, 물질의 샘을 계속 채우시는 것을 온전히 믿는 자만이 순종할 수 있기 때문이다.

이것은 특별히 하나님께서 신자와 사명자에게 기근을 주신 핵심적인 목적이라고 말할 수 있다. 하나님께서는 당신이 주신 물질을 당신의 뜻 가운데 사용할 수 있는 능력을 주시기 위해 기근을 주신 것이다. 신자는 기근을 통하여 하나님께서 원하시는 돈을 지배하는 능력을 소유해야 한다.

돈을 지배하는 능력이란 돈을 자신의 욕심과 탐욕과 쾌락을 충족시키기 위해 쓰는 것이 아니라 하나님의 뜻 가운데 이롭게 쓸 수 있는 능력을 말한다. 현대 이런 인물로 세계적인 부호인 미국의 빌 게이츠(B. Gates)와 워런 버핏(W. E. Buffett)과 한국의 유일한 박사 등을 들 수 있다. 빌게이츠와 워렌 버핏은 공통으로 자신들의 이름을 딴 재단을 만들어 천문학적인 돈을 사회에 환원하고 있다.

정해윤은 자신 책에서 유일한 박사에 대해 다음과 같이 기록하고 있다. 유일한 박사는 유한양행의 창업자로서 말년에 회사 주식의 40% 이상을 교육 기관에 기부하였고, 그 나머지도 1970년에 교육 재단에 기부하였다. 1971년 그가 76세로 세상을 떠나자 그의 딸과 여동생도 그의 뜻을 받들어 전 재산을 사회에 환원함으로 유한양행은 창업자 가족이 지분을 전혀 갖지 않는 가진 유일한 회사가 되었다.[129)]

로렌 커닝햄(L. Cunningham)와 제니스 로저스는 함께 쓴 책에서 “세상에서 가장 개혁하기 힘든 것은 사람의 속주머니이다." 라는 마르틴 루터의 말을 인용하면서 대부분 그리스도인은 자신들의 물질을 하나님께서 주신 것은 이해하고 믿지만 이해한 만큼 행동이 뒤따르지 않음으로 전능하신 하나님을 섬기는 대신에 돈을 섬기게 된다고 경각심을 주고 있다. 또한, "하나님은 우리에게 사랑해야 할 사람들과 사용해야 할 물건을 주셨는데, 우리는 너무나 자주 물건들을 사랑하고 사람들을 이용한다." 라고 말함으로 물질에 대하여 하나님의 선한 청지기가 될 것을 권면하고 있다.[130]

주의 종들은 특별히 물질을 지배하는 능력을 소유해야 한다. 그렇지 않을 경우, 목회자는 자신의 명예와 욕심을 위하여 하나님의 이름을 빙자하여 헌금을 강요하거나 무리한 일을 추진함으로 교회와 교회에 속한 신자들이 고통을 당하게 된다. 김홍전 박사는 다음과 같은 사례로 이것을 말하고 있다.[131]

> 젊은 사람이 목사가 되어 어디 교회에 가서 "내가 이 교회에 목사로 온 보람이 있기 위해서는 예배당을 한번 잘 지어야겠다." 라고 일을 벌이는 것입니다. … 자꾸 탑을 쌓아 올리니까 탑 쌓느라고 돈이 많이 들어서 굉장히 빚을 져서는 교인들이 연보해도 그 연보를 가지고는 탑 쌓느라고 진 빚의 이자를 갚는데도 많이 모자랐습니다. … 자기가 잘못해 놓고는 주를 위해 수고한다는 말을 갖다 붙이는 것입니다.
> 이렇게 사람이 자기의 이름을 날리고 그렇게 해서 자기가 무엇을 하겠다는 자기(自己)라는 것이 있을 때 항상 유혹을 받고 문제가 생기는 것입니다.

하나님께서 기근을 주신 근본적인 이유는 다음과 같이 두 가지의 영성

---

129) 정해윤, 「위대한 CEO들의 생각을 배워라」 (서울: 휴먼비즈니스, 2006), 182-92.
130) Loren Cunningham and 제니스 로저스, *Making, Jesus Lord*, 예수전도단 역, 「네 신을 벗어라」 (서울: 예수전도단, 2007), 42.
131) 김홍전, 「예수께서 광야에서 받으신 시험」 (서울: 성약, 2004), 308.

을 주시기 위한 것이다. 첫째, 필요한 물질을 인간적 방법이 아닌 하나님의 방법으로 구하는 영성을 주시기 위함이다. 둘째, 돈을 지배하는 능력을 소유함으로 돈을 자신의 욕망과 욕심을 만족하게 하는 데 사용하는 것이 아니라 하나님의 뜻에 맞게 사용할 수 있는 영성을 주시기 위함이다.

2) 음란(Lewdness)

'음란' 이란 롬 13:13에서 헬라어로 κοίτη(*코이테*) '침대, 동서 생활', 골 3:5에서 πορνεία(*폴네이아*) '매음', 벧전 4:3에서 ἀσελεια(*아셀게니아*) '방탕' 을 의미한다. 이것은 상징적으로 우상 숭배를 함으로 하나님께 간음하는 것을 의미하지만, 문자적으로 배우자가 아닌 다른 사람과의 성관계, 비정상적인 변태적인 성관계, 돈으로 성을 사는 매음 등을 말한다.

아브라함은 창 15:4 네 몸에서 날 자가 네 상속자가 되리라 하시고." 라는 하나님의 분명한 지침이 있었음에도 아내 사라의 권유를 받아들여 하갈과 동침하여 이스마엘을 낳게 되었다. 칼빈은 다음과 같이 아브라함과 사라의 잘못을 지적하고 있다.[132)]

> 하나님은 인류가 신성한 결혼으로 번성하도록 계획하셨다. 그런데 사래는 오직 두 사람에게 약정된 부부의 침상을 더럽힌 고로 결혼의 법칙을 전복시키기고 만 것이다 … 그리고 이미 많은 사람 가운데서 일부다처제가 성행하고 있긴 하지만, 두 사람이 서로 결합하게 하신 하나님의 법칙을 폐기하는 것이 사람의 뜻에 맡긴 것은 절대로 아니다. 그리고 자기 아내의 어리석고 터무니없는 제안을 따르고 있는 아브람에게도 잘못이 있었다.

김홍전은 아브라함은 남의 아내를 갖고 싶으면 주인 없는 사람을 만들기

---

132) 칼빈, 「칼빈 성경주석 1: 창세기 Ⅰ」, 408-9.

위해 남편을 죽이기도 하는 만풍이 행해지는 사회로 들어갔다고 말한다.[133] 아브라함은 이런 시대에서 자신의 목숨을 보전하기 위해 아내를 누이라고 속였다. 또한, 아브라함은 남의 아내를 늑탈하는 행위를 증오하였지만, 자신도 모르게 그 시대 풍조인 음란에 물들게 되었고, 사래의 권유를 받아들여 하갈과 동침함으로 하나님이 정하신 결혼 제도인 일부일처제를 무시하고 일부다처제에 동참하였다. 이것은 이 당시 풍조에서 볼 때 일시적으로 허용된 것처럼 보이지만 출 20:14 "간음하지 하지 말라."라는 십계명 중 제7계명을 어긴 간음죄이다. 따라서 하나님께서는 아브라함이 믿음의 조상이 되는 길목에서 그의 음란한 마음을 치료하셔야만 하셨다.

성경에서 음란 때문에 혹독한 고통과 절망을 체험한 대표적인 인물로 삼손을 들 수 있다. 단 지파가 사는 소라는 작은 마을에 '마노오(Manoah)라는 남자가 살고 있었다. 그의 아내는 아이를 낳지 못함으로 그의 아내는 하나님께 매일 기도하였다. 마침내 여호와의 사자가 나타나 아들을 낳을 것을 예언하고, 그 아들은 나실인으로 포도주와 독주를 마시거나 어떤 부정한 것을 만지지 말 것을 명령하였다. 여인은 아이를 낳았고, '태양과 같은(like The Sun)' 이라는 뜻을 가진 삼손이라 불렀다.

삼손이 장성하자 딤나로 내려가 블레셋 사람의 딸 중 한 여자를 보고 올라와서 자기 부모에게 아내로 삼겠다고 말하였다. 부모님은 반대하였지만, 삼손의 고집을 꺾을 수 없으므로 부모님은 함께 딤나로 내려가게 되었고, 가는 도중에 사자를 만나 삼손은 하나님께서 주신 초인적인 힘으로 사자를 찢어 죽였다. 부모님은 처녀의 부모님과 처녀를 만나고 마음이 내키지는 않지만 승낙하고 집으로 돌아왔다.

얼마 후 삼손은 결혼을 준비하기 위해 딤나로 내려가는 도중 일전에 죽인 사자가 생각나 그곳으로 갔고, 사자의 몸에는 벌떼와 꿀이 있었다. 그는 자신이 나실인으로 부정한 것, 즉 시체를 만질 수 없다는 것을 무시하고 꿀을 취하여 자신도 먹고, 통에 담아 집에 가져와서 자신의 부모님께도 드렸다.

---

133) 김홍전, 「하나님의 백성 아브라함」, 238-9.

삼손이 장가가는 날 잔치가 베풀어지고 삼손은 30명의 블레셋 청년들과 사자 몸에서 난 꿀에 관한 문제로 수수께끼 내기를 하였다. 청년들은 도저히 풀 수 없게 되자 삼손의 아내를 협박하여 삼손으로부터 답을 얻어냄으로 삼손은 수수께끼에서 지게 되었다. 삼손은 분노하여 블레셋의 다섯 성읍 중 하나인 아스글론에 내려가 삼십 명을 죽이고 노략질하여 수수께끼를 푼 자들에게 주고 그 아버지의 집으로 돌아왔다.

얼마 후 밀을 거둘 때, 삼손이 선물로 염소 새끼를 가지고 그의 아내를 찾아갔지만, 장인은 삼손이 미워하는 줄 알고 삼손의 친구에게 주었으므로 대신하여 여동생을 아내로 맞이할 것을 제안하였다. 화가 난 삼손은 여우 삼백 마리를 잡아 꼬리와 꼬리를 매고 꼬리 사이에 횃불을 달아 곡식 밭으로 몰아 베지 아니한 곡식과 포도원과 감람나무를 타게 하였고, 이 일로 블레셋 사람들은 삼손의 아내와 장인을 죽였다. 이후 삼손과 블레셋 사람 사이에는 크고 작은 충돌이 발생하였지만, 매번 삼손이 승리하였다.

삼손은 삿 15:20 "블레셋 사람의 때에 삼손이 이스라엘의 사사로 이십 년 동안 지냈더라." 라는 말씀처럼 20년 동안 사사로서 자기의 사명을 충실히 수행하였다. 그러나 삼손의 병이 다시 재발하여 삿 16:1 "삼손이 가사에 가서 거기서 한 기생을 보고 그에게로 들어갔더니." 라는 음행 죄를 짓게 되었다.

그 후 삼손은 소렉 골짜기(The Valley of Sorek)에서 사는 들릴라(Deliah)를 보고 정말로 반하여 사랑에 빠지게 되었다. 이것은 알게 된 블레셋 사람들은 들릴라에게 거액의 포상금을 걸고 삼손의 힘의 비밀을 알아오게 하였다. 삼손은 들릴라의 집요한 간청과 공세에 자신의 힘의 비밀을 알려주었다. 들릴라가 삼손의 머리털 일곱 가닥을 밀자 삼손은 힘이 없어지고, 블레셋 사람에게 잡혀서 두 눈이 모두 뽑히고 감옥에 갇혀 맷돌을 돌리게 되었다. 그의 머리털이 다시 자랄 때 블레셋의 다곤 신에게 제사를 드리는 날 군중에 요구에 따라 신전으로 불려 가서 신전의 기둥을 무너뜨리므로 수많은 블레셋의 사람들을 죽이고 자신도 죽었다.

삼손은 음란으로 말미암아 나실인으로써 자신의 신분을 망각하고 포도

주와 독주를 마셨으며, 죽은 사자, 즉 부정한 것을 만졌고, 머리털을 깎은 총체적인 죄를 지었다. 삼손은 나실인의 자격을 상실함으로 나실인 삼손을 통한 이스라엘의 구원이라는 하나님의 계획이 차질을 빚게 되었지만, 하나님께서는 삼손의 최후 순간을 통하여 당신의 계획을 이루셨다.

결론적으로 하나님의 계획에는 차질이 없게 되었지만, 삼손은 불행하게 생을 마감하게 되었다. 이것은 삼손이 자신의 음란죄를 짓는 성향을 자르지 못한 결과이다.

a) 성령님의 능력

존 오웬(John Owen)은 다른 방법으로는 죄를 이길 수 없고 오직 성령의 능력으로만 죄를 이길 수 있다는 전제 아래 그는 로마 가톨릭의 죄를 죽이기 위한 외형적인 의식을 비판하고 있다.

> 로마 가톨릭은 죄를 죽이기 위해 '거친 베옷' 을 입는데 이것은 사실 거짓 위선이다. 그들의 맹세, 계율, 금식, 고행 등은 모두 죄를 이기기 위한 행위와 연관된다. 또한, 그들의 설교와 가르침, 그리고 헌신의 책들도 같은 맥락이다. 하지만, 혹자는 '무저갱' 에서 나오는 '황충' (계 9:2)을 로마 가톨릭 교회의 수사들로 해석하고 있다.… 가톨릭 수사들을 황충에 비유하는 이유는 로마 교회의 수사들이 그들의 신랄한 설교를 통해 사람들에게 죄를 확신시켜 주지만, 죄를 치료하고 이길 수 있는 진정한 치료책을 제시하지 못한 채 계속해서 사람들을 영원한 고뇌와 두려움 속에 감금시키고 더 나아가 일반사람들에게 차라리 '죽고 싶을' 정도로 엄청난 고통을 양심에 안겨주기 때문이다.

오웬은 죄를 죽이는 것은 전적으로 성령의 사역이라고 주장하면서 그 이유를 두 가지로 들고 있다. 첫째, 하나님께서 죄를 죽이는 일을 위해 우리에게 성령을 보내 주시겠다고 약속하셨기 때문이다. 둘째, 우리가 죄를 죽이는 것은 그리스도의 은사로 가능하다.

그는 첫 번째로 "성령이 어떻게 죄를 죽이는가?" 라는 질문을 던지고 대답한다. ① 성령은 우리의 마음을 은혜로 넘치게 하고 육체의 열매에 반하는 열매들을 풍성하게 맺게 함으로 죄를 이기게 한다. ② 성령은 실제적인 효력을 발휘하여 죄의 뿌리와 습관을 무력화시키고 파괴하고 제거한다. ③ 성령은 믿음으로 성도의 마음속에 그리스도의 십자가를 가져다주어 우리로 하여금 그리스도의 죽음과 고난에 동참하게 한다.

그는 두 번째로 "죄를 죽이는 것이 오직 성령의 사역이라면 왜 성경은 인간인 우리에게 죄를 죽이라고 권면하는가?" 라는 질문을 던지고 대답한다. ① 성령의 사역은 우리 안에 은혜를 주고 그 은혜를 통해 우리로 선행하도록 역사하신다. ② 성령은 우리 안에서 죄를 이기도록 역사하실 때, 죄를 이기는 행위를 여전히 우리의 순종 행동으로 간주하신다.[134)]

인간은 죄를 지각하지만, 죄와 싸우는 힘이 없으므로 성령님께 주신 능력과 은사를 가지고 소극적으로는 죄와 싸우고, 적극적으로는 성령의 열매를 풍성하게 맺음으로 죄를 이겨야 한다.

b) 기회 차단

왓슨(T. Watson)은 "터기의 술탄(Sultan; 이슬람 국가의 지도자를 부르는 칭호)은 부하 장수를 죽이려고 하면, 그를 위해 성대한 잔치를 베풀고, 그를 끌어다가 목을 매달게 한다. 이처럼 사탄도 죄의 여흥과 쾌락으로 사람들을 실컷 만족하게 한 다음 그들의 목을 조른다." 라고 기술하고 있다.[135)] 사탄은 음란을 통하여 사람들을 무절제한 쾌락 중심의 삶을 살게 함으로 사람들을 파괴한다.

---

134) John Owen, *Mortification of Sin*, 김창대 역, 「내 안에 죄 죽이기」 (서울: 브니엘, 2008), 47-57.

135) Thomas Watson, *The Great Gain Of Godliness*, 조계광 역, 「하나님을 경외하는 사람」 (서울: 규장, 2008), 44.

신자는 음란한 마음이 생길 수 있는 장소와 시간과 보는 것과 인물을 피해야 한다. 또한, 음란한 마음이 자리 잡지 않도록 자신에게 엄격해야 한다. 첫째, 신자는 음란한 마음을 줄 수 있는 장소는 될 수 있으면 피해야 한다. 왜냐하면, 신자가 자신의 믿음과 영적 능력을 믿고 그 장소에 가거나 장기간 머물게 되면, 낭패를 당하기 때문이다. 둘째, 신자는 혼자 있는 시간에도 의식적으로 항상 거룩한 생각을 하도록 훈련해야 한다. 혹시라도 음란한 생각이 오게 되면, 즉시 주님의 이름으로 물리치고 거룩한 생각을 할 수 있도록 기도로 하나님의 도우심을 구해야 한다. 셋째, 선정적이고 폭력적인 방송 프로그램과 인쇄 매체를 보는 것을 피해야 한다. 넷째, 음란하게 접근하는 사람을 피해야 한다. 왜냐하면, 이 사람을 피하지 않으면, 자신도 모르게 점점 빠지게 되고 삼손처럼 파멸의 길로 들어설 수 있기 때문이다.

주님은 마 5:28 "나는 너희에게 이르노니 음욕을 품고 여자를 보는 자마다 마음에 이미 간음하였느니라." 라고 경고하고 계신다. 음욕은 헬라어로 ἐπιθυμεω(*에피튀네오*)이고, '갈망하다, 탐하다' 를 의미한다. 이것은 여인에 대해 '성적인 욕심을 갖는 것' 을 말한다. 주님은 여인을 바라보고 성적인 욕심을 갖는 것은 이미 간음한 것이라고 말씀하시며 금하고 계신다. 이것은 '보는 것과 음욕' 을 통해 음란이 마음에 오고, 음란이 마음을 지배하는 것을 사전에 차단하기 위한 방지책이다. 또한, 살전 5:22 "악은 모양이라도 버리라." 라는 말씀에 순종하여 마음에 음란이 오면, 즉시 주님의 이름으로 물러갈 것을 명령함으로 음란이 마음에 둥지를 만들 기회와 시간을 주지 말아야 한다.

c) 음란의 성향이 강함을 인식

신자는 누구나 하나님께 가까이 가는데 장애가 되는 크고 작은 산을 가지고 있다. 어떤 신자에게는 권력, 어떤 신자에게는 명예, 어떤 신자에게는 물질, 어떤 신자에게는 술과 도박과 같은 쾌락과 중독, 어떤 신자에게는 음란이 강하게 역사한다. 따라서 자신의 성향을 인식하는 것이 매우 중요하다.

고전 9:26 "그러므로 나는 달음질하기를 향방 없는 것 같이 아니하고 싸우기를 허공을 치는 것 같이 아니하며." 여기서 '향방 없는 것' 과 '허공을 치는 것' 이란 자신이 어떤 일을 행하는 데 목적과 목표물이 없는 것을 말한다. 화살을 쏠 때, 분명한 과녁을 향해 쏘는 것과 분명한 과녁이 없이 쏘는 것과는 출발점은 같지만, 결과에서는 확연한 차이를 보여준다. 자신에게 음란이 강하게 역사한다는 것을 아는 것은 절반(Half)의 승리라고 말할 수 있다. 왜냐하면, 그는 자신의 싸움 대상을 분명히 알고 그것에 대한 적절한 처방, 즉 음란에 사로잡힐 환경을 의식적으로 피하게 되고, 음란과 싸울 전투태세를 항상 갖추기 때문이다.

신자가 음란한 마음을 극복하지 못하게 되면, 쾌락 중심의 삶으로 말미암아 신자는 하나님을 가까이하지 않게 되고, 신자의 삶은 고통과 고난의 연속이 된다. 그러나 신자가 자신에게 '음란의 산' 이 강하게 역사한다는 것을 알고, 이것을 제거해주시라고 하나님께 계속 기도하게 되면, '음란의 산' 이 하나님과 신자와의 관계를 파괴하는 장애가 아니라 신자를 소원의 항구로 인도하는 도구가 된다. 왜냐하면, 신자는 더욱 하나님을 의지하고 무릎 끓어 기도함으로 하나님께 더욱 가까이 가게 되고, 점점 음란한 마음을 이기고 거룩한 삶을 살아가기 때문이다.

d) 개인과 가정을 위한 것임

존 엘드리지는 칼이라는 청년의 사례로 이것을 잘 설명해주고 있다.[136]

> 칼은 여자들에게 무척 인기가 많다. 여자들이 아버지에게 얻지 못한 사랑과 확신에 굶주릴 때 보여주는 행동은 간혹 나를 놀라게 한다. 그들은

---

136) 존 엘드리지, *Wild at Heart*, 강주헌 역, 「마음의 회복」(서울: 좋은씨앗, 2004), 236-7.

갈구하던 욕망을 채우기 위해 남자에게 몸을 던진다. 어느 날, 칼은 문란한 성행위에 고민하며 나를 찾아왔다. 수많은 여자가 그에게 몸을 던졌고, 그런 유혹에 굴복할 때마다 그는 약해져 가는 것을 느꼈다. 다시는 그런 유혹에 빠지지 않겠다는 결심도 점점 허물어져 가고 있었다.
섹스 유혹과의 싸움은 죄가 아니라 자신의 힘을 지키기 위한 전투라는 사실을 깨닫게 되면서 칼은 변하기 시작했다. 그는 강해지고 싶었고, 강한 남자가 되길 간절히 바랐다. 이런 바람이 섹스의 유혹에 견디는 힘을 배가시켜주기 시작했다. 칼과 나는 그가 관계를 맺었던 모든 여자를 위해 기도하고, 죄를 정화하며, 하나님에게 그의 힘을 회복시켜 달라고 간구했다. 그리고 그는 본연의 힘을 되찾았다. 이제 그는 한 여자와 행복하게 살고 있다.

섹스 유혹과의 싸움은 영적으로, 도덕적으로, 개인과 가정을 마귀로부터 지키는 싸움임을 인식할 때 싸우는 자는 능동적이고 역동적으로 싸움에 임하게 되고, 자신의 온 역량을 쏟음으로 승리하게 된다.

3) 부정직함

앞에 인용한 "이 세 경우(창 12:10-20, 20:1-18, 26:6-11)에 모두 남편들의 생명이 위험에 처하지 않았다.… 반대로 그들의 집주인으로부터 부와 보호를 받게 되었다."라는 밀스(W. E. Mills)의 기술은 아브라함이 부정직한 방법으로 부를 취득했음을 보여준다.[137)]

이것은 십계명 중 제8계명, 출 20:15 "도적질하지 말라."를 범하는 죄로 이웃의 재산을 훔치거나 불의한 방법으로 수탈하거나 부당한 절차로 이웃의 권리를 박탈하는 것을 말한다. 도둑질은 개인 재산의 질서를 파괴하는 사회적 범죄이지만, 이를 내버려 두면 모든 사람이 일하지 않고 부정한 방

137) Watson E. Mills, *Pentateuch/Torah*, 40.

법으로 생계를 이어감으로써 사회에 범죄가 만연하게 된다. 따라서 이 계명의 확대된 뜻은 모든 일에 정직할 것을 명령하고 있다.[138]

아브라함은 그의 부정직함을 치료받지 않고는 믿음의 조상이 될 수 없었다. 따라서 하나님께서는 아브라함의 부정직함을 치료하신 것이다.

a) 하나님께

① 진실한 삶

피어선(A. T. Pierson)은 여러 유명 인사와 학자들의 말을 인용하여 겉으로 드러난 삶의 모습으로 하나님의 눈을 속이려고 하지 말고 진실한 마음에서 우러나오는 진실한 삶, 즉 경건한 삶을 살 것을 권고하고 있다. 그는 특히 크로슬리(Crossley)의 말을 인용함으로 이것을 강조하고 있다.

> 이 세상에서 우리의 성품을 몸 안에 감추어서 잘 보지 못하게 할 수 있을는지 모른다. 그러나 우리가 육신을 벗는 날에는 도덕적으로나 영적으로 철저하게 우리의 성품이 드러나게 될 것이며 우리의 참된 모습이 밝혀 알려지게 될 것이다. 그리스도 안에서 우리에게 주어진 하나님의 의를 제외하면 이런 외적인 가면은 더는 견딜 수가 없게 된다.

그는 경건한 행위에 대한 5가지 조건을 제시하고 있다. 첫째, 일관성이 있어야 한다. 둘째, 양심적이어야 한다. 셋째, 단순성이 있어야 한다. 넷째, 성실함이 있어야 한다. 다섯째, 은혜로워야 한다. 또한, 그는 '단순성' 이란 모든 음흉함, 은폐된 거짓, 비열함, 위선과는 정반대되는 것이며, 거짓된 외모로 자신을 숨기지 않고 자기 자신에게 진실한 행위라고 정의한다.[139]

---

138) 진홍석, "십계명(The Decalogue) 연구" (석사학위논문, 한영신학대학원, 2002), 35-6.

139) A. T. Pierson, *Godly Self-Control*, 김지찬 역, 「경건에 이르기를 연습하라」, (서울: 생명의말씀사, 1997), 60-7.

하나님께서 사람을 포함한 우주 만물을 전 7:29 "하나님은 사람을 정직하게 지으셨으나." 라는 말씀처럼 정직하게 창조하셨다. '정직하게' 는 히브리어로 יָשָׁר(야샤르)이고, '정직한, 공평한' 을 의미한다. 이것은 하나님께서는 인간을 창조하실 때 차등 없이 공평하게 만드셨음으로 신자는 모든 일을 정직하게 처리하고 자신과 이웃에게 정직하라는 것이다. 그러나 잠 14:2 "정직하게 행하는 자는 여호와를 경외하여도 패역하게 행하는 자는 여호와를 경멸하느니라." 하나님을 진정으로 두려워하고 경배하는 자는 하나님과 사람과 모든 일에 정직(Honesty)을 최우선으로 두지만, 하나님을 경멸하는 자는 '패역하게(Devious)' , 즉 정도를 벗어난 삶을 살게 된다.

세상은 과정의 성공(The Success of Process)보다 결과의 성공(The Success of Result)에 더 가치를 두고 있지만, 하나님께서는 결과의 성공보다 과정의 성공을 더욱더 중요시하신다. 과정의 성공에 가장 중요한 전제조건은 바로 정직이고, 정직은 하나님을 경외하는 자의 중요한 덕목 중의 하나이다. 신자는 "항상 하나님께서 나를 보고 계시다." 라는 '면전에서(In God's Presence)' 라는 의식을 갖고 말씀과 기도로 무장하며 하나님 보시기에 정직한 삶을 살려고 힘써야 한다.

② 온전한 십일조(Tithe)

레 27:30 "땅의 십분의 일 곧 땅의 곡식이나 나무의 열매는 그 십분 일은 여호와의 것이니 여호와께 성물이라." 십일조는 만물의 주인이신 하나님께 받은 일부를 돌려드리는 믿음의 행위이다. 우리는 만물의 주인이신 하나님께 잠시 땅과 재물을 받았고, 그것의 임대료로 소산의 십분의 일을 받치는 것이다.

십일조를 드리지 않는 것은 십계명을 범하는 죄이다. 십계명 중 8계명 "도적질하지 말지니라." 라는 말씀은 하나님과 이웃을 대상으로 순종해야 하는 계명이다. 말라기 시대 백성은 십일조를 드리지 않는 것을 하나님께 심각한 범죄로 생각하지 않았지만, 십일조를 드리지 않는 것은 하나님의 소유를 도적질하는 것으로 "도적질하지 말라."라는 십계명 중 8계명을 범하는 심각한 죄이다.

십일조를 온전히 계속 드릴 수 있는 비결로 네 가지를 제시할 수 있다. 첫째, 하나님께 십일조를 계속하여 온전하게 드릴 수 있는 믿음과 능력과 환경을 주실 것을 계속 기도해야 한다. 둘째, 말 3:8 "그러나 너희는 나의 것을 도둑질하고도 말하기를 우리가 어떻게 주의 것을 도둑질하였나이까 하는도다 이는 십일조와 봉헌물이라." 십일조는 해도 되고 안 해도 되는 선택 사항이 아니라 반드시 해야 하는 하나님의 절대명령임을 명심해야 한다. 셋째, 말 3:10 "만군의 여호와가 이르노라 너희의 온전한 십일조를 창고에 들여 나의 집에 양식이 있게 하고 그것으로 나를 시험하여 내가 하늘 문을 열고 너희에게 복을 쌓을 곳이 없도록 붓지 아니하나 보라." 십일조는 하나님의 축복 통로임을 기억해야 한다. 넷째, 십일조를 드림으로 성공적인 삶을 산 혹은 사는 인물들의 자서전과 간증을 계속 읽고 듣는다.

세계 백화점의 왕인 존 워너메이커(John Wanamaker), 미국 석유 왕인 존 록펠러(John Davision Rockefeller), 세계적으로 유명한 의약품 멘소래담의 개발자인 동시에 기업인 알버트 알렉산더 하이드(Albert Alexander Hyde), 세계적인 기업 힐튼 그룹의 창업자인 콘래드 니콜슨 힐튼(Conrad Nicholson Hilton), 한국 도자기 창업주인 김종호, 참존 화장품 현 회장인 김광석 등은 하나님께 온전한 십일조를 평생 드림으로 풍성한 축복을 받아 부자가 된 인물들이라고 말할 수 있다.[140)]

b) 이웃과 자신에게

신자는 사업이나 장사 혹은 이웃과의 관계와 자신의 가족과 배우자, 특히 자신에게 정직해야 한다. 이혼의 중요한 원인 중 하나는 배우자의 속이는 말과 행동이다. 모리스(R. Morris)는 다음과 같은 기술로 배우자의 정

---

140) 박은봉, 「십일조의 비밀을 안 세계의 부자들」 (고양시: 문예춘추사, 2010), 58-242.

직성을 강조하고 있다.[141)]

> 당신이 반드시 알아야 할 한 가지 사실은 사탄이 역사한다는 것이다 … 숨기려고 애쓸수록 사탄에게 힘을 실어 주게 되기 때문이다. 음란의 문제로 고민하는 남자들은 대개 그 문제를 아내들에게 솔직히 털어놓지 못한다 … 그러나 그런 남자들은 음란한 마음이나 행위 자체보다는 아내를 속이려 한다는 것 때문에 신뢰를 잃게 된다 … 아픔과 고통을 주는 것은 부도덕한 행위 자체보다는 그것을 숨기려는 데 있었다.

미국의 초대 정치인으로서 미국 건국의 아버지 중의 한 명인 벤저민 프랭클린(Benjamin Franklin)은 젊을 때부터 13개 규칙을 스스로 정해놓고 지키려고 노력하였다. 이 규칙을 볼 때, 그는 이웃과 자신에게 평생 정직하게 살려고 노력하고 정직하게 살았음을 알 수 있다. 그렇기 때문에 그가 건강이 안 좋아서 프랑스에서 필라델피아로 돌아왔을 때, “벤저민 프랭클린, 환영합니다.” 라고 많은 사람에게 환영받게 되었다.[142)]

그가 현재도 많은 사람에게 존경받고, 그의 13가지 규칙이 공감을 얻어 널리 읽혀지고 있는 것은 그가 이웃과 자신에게 평생 정직한 삶을 살았기 때문이다.

[벤저민 13가지 규칙]

1. 절제: 배부르도록 먹지 말라. 취하도록 마시지 마라.
2. 침묵: 나에게나 남에게나 유익하지 않은 말은 하지 말라. 쓸데없는 말은 피하라.
3. 질서: 모든 물건을 제자리에 정돈하라. 모든 일은 시간을 정해놓고 하라.

---

141) Robert Morris, *from Dream to Destiny*, 정문욱 역, 「하나님의 시험」, 90-1.
142) 박은봉, 「십일조의 비밀을 안 세계의 부자들」, 24-5, 28-9.

4. 결단: 해야 할 일은 하기로 결심하라. 결심한 것은 꼭 이행하라.
5. 절약: 자신과 다른 사람들에게 유익한 일 외에는 돈을 쓰지 마라. 낭비하지 마라.
6. 근면: 시간을 낭비하지 말라. 언제나 유용한 일을 하라.
7. 진실: 남을 일부러 속이지 말라. 순수하고 정당하게 생각하라. 말과 행동을 다르게 하지 마라 .
8. 정의: 남에게 피해를 주거나 당연히 돌아갈 이익을 가로채지 마라.
9. 중용: 극단을 피하라. 상대방이 나쁘다고 생각되더라도 홧김에 상처를 주는 일을 삼가라.
10. 청결: 몸과 의복, 습관상 모든 것을 깨끗하게 유지하라.
11. 침착: 사소한 일, 일상적인 일이나 불가피한 일에 흔들리지 마라.
12. 순결: 건강에 해가 될 정도로 술을 마시거나 도박을 하지 마라.
13. 겸손: 예수님과 소크라테스를 본받아라.

J. 제10시험: 가장 귀한 것 받침의 시험(창 22:1-19)

웬함은 "이삭을 번제로 드리라는 기사는 아브라함의 전 이야기의 심미적이고 신학적인 꼭대기를 차지한다."라고 기술하면서 이 단락(Unit)의 문학적 구조(Literary Structure)를 다음과 같이 분석하고 있다.[143)]

A. 서론	1a
B. 하나님의 명령 "너의 아들을 번제로 드리라	1b-2
C. 다음 날 아침에 출발	3
D. 산기슭에서 세 번째 날	4-6b
D'. 그 산으로 올라감	6b-8
E. 제물을 준비함	9-10
F. 사자가 제물 받침을 멈추게 함	11-18
G. 에필로그: 브엘세바로 돌아옴	19

이 문학적 구조를 통하여 아브라함이 자신의 아들을 하나님께 번제로 드리라는 명령을 받는 다음 날 아침 출발하여 셋째 날에 산기슭에 도착한 것을 알 수 있다. 또한, 아브라함은 아들과 함께 그 산에 올라 번제로 드릴 아들을 제물로 준비하던 중 하나님 사자의 제지를 받아 중단하고, 하나님께서 준비해주신 어린양을 번제로 드리고, 아들과 함께 브엘세바로 돌아온 것을 알 수 있다.

웬함은 "하나님은 광야에서 배고픔과 목마름으로 이스라엘을 시험하신

143) Gordon Wenham, *Word Biblical Commentary*: *Geneis*, 16-50, 99-100.

다고 말씀하신다… 그와 같은 시련들의 목적은 '무엇이 너의 마음에 있느냐?', 너희가 그의 계명을 지키고 있느냐 않느냐를 발견하는 것이다 … 여기서 이 용어의 사용은 아브라함은 어떤 큰 어려움을 직면하게 될 것이다, 그러나 그는 결국에는 그것으로부터 혜택을 받게 될 것이다."라고 기술하고 있다.[144)]

앞선 아홉 번의 시험과 달리 창 22:1 "하나님이 아브라함을 시험하시려고." '시험'이라는 단어가 직접적으로 사용되고 있다. '시험하시려고'는 히브리어로 נִסָּה(닛사)이고, נָסָה(나사)의 피엘형(Piel)이다. 닛사는 '시험하다, 증명하다, 시도하다'라는 의미가 있고 두 가지 경우에 사용된다. 첫째, 하나님께서 믿음을 시험하시기 위해 역경으로 사람을 시험할 때 사용된다(창 22:1, 출 16:4). 둘째, 사람이 하나님의 도움이나 능력을 알아보려고 시험할 때 사용된다(출 17:2, 신 6:16).[145)] 열 번째 시험은 전자에 해당하는 것으로 아브라함은 하나님의 명령을 순종함으로 자신을 증명해야 한다.

이철은 하나님의 시험은 세 가지 목적을 가지고 있다고 주장한다. 첫째, 정말로 하나님을 사랑하는가를 보고자 한다. 둘째, 하나님을 참으로 믿는가를 보려고 한다. 셋째, 순종하는가를 보려고 한다.[146)]

아브라함이 사랑과 믿음과 순종의 시험을 통과하는 유일한 방법은 자신의 소중한 아들 이삭을 하나님께 번제로 드리는 것이다. 아브라함은 순종함으로 하나님께 믿음의 조상으로 인정받게 되었다.

1) 사랑의 시험

델라니(Carol Delaney)는 "크리스천에게 이삭의 번제는 십자가의 시련

---

144) Ibid., 103-4.

145) Francis Brown, S. R. Driver, and C. A. Briggs, *A Hebrew and English Lexicon of the Old Testament*, 650; 고영민, 「히브리어사전」(서울: 기독교문사, 1999), 245.

146) 이철, 「불멸인생은 시험이 닥쳐도 즐겁다」(서울: 규정, 2000), 226.

(The Crucifixion)에 예시로 생각된다. 그들이 믿는 것은 세계 역사에 가장 중요한 사건이다. 창세기에서 하나님은 아브라함에게 그의 아들, 그의 유일한 아들, 그가 사랑하는 사람을 제물로 드리라고 요구하신다, 그러나 중대한 순간에 하나님께서 그 번제를 해석한다. 그것은 그의 유일한 아들을 세계의 구속을 위하여 제물로 드릴 때 마침내 완성된다." 라고 기술한다.[147]

하나님께서 인류의 구속을 위하여 당신이 가장 사랑하시는 독생자 예수님을 번제로 주신 것처럼 아브라함은 자신이 가장 사랑하는 아들인 이삭을 번제로 드려야 했다. 하나님의 사자가 막고 하나님께서 예비해주신 어린 양을 번제로 드림으로 실제로 이삭을 번제로 드리지 않았지만, 창 22:9-10 "하나님이 그에게 일러주신 곳에 이른지라 … 이삭을 결박하여 제단 나무 위에 놓고 손을 내밀어 칼을 잡고 그 아들을 잡으려 하니." 라는 말씀처럼 아브라함은 칼을 들어 이삭을 잡으려고 하였음으로 하나님께 인정받았다.

아브라함은 하나님과 이삭 중의 하나를 선택함으로 그의 사랑을 증명해야 했다. 만약 그가 이삭을 선택함으로 하나님의 명령을 거부했다면 그는 믿음의 조상으로 인정을 받지 못했을 것이다. 그러나 아브라함은 하나님을 선택하고 하나님의 명령을 순종하여 이삭을 번제로 드림으로 그는 하나님께 자신의 사랑을 입증받았다.

a) 용서의 사랑을 수용

하나님의 사랑은 십자가 위의 예수님을 통하여 온 천하에 드러내신다. 브레넨 매닝(Brennan Manning)은 "하나님이란 예수님의 인격 안에 보이는 바로 그 모습이다. 그래서 '예수님은 하나님의 인간 얼굴이다.' 라는 칼 라너(Karl Rahner)의 말이 나온 것이다." 라고 기술하였다.[148] 하나님께서

147) Carol Delaney, *Abraham on Trial* (Princeton: Princeton University, 1998), 137-8.

148) Brennan Manning, *Abba's Child*, 윤종석 역, 「아바의 자녀」 (서울: 복 있는 사람, 2009), 133.

는 막 2:17 "나는 의인을 부르러 온 것이 아니요 죄인을 부르러 왔노라."라는 말씀처럼 죄인들을 불쌍히 여기시고, 그들을 구원하시기 위해 자신의 본체인 동시에 당신의 인간 얼굴이신 독생자 예수님을 이 땅에 보내신 것이다.

매닝은 이런 하나님의 사랑을 "예수께서 뻗으신 팔은 문간의 취객, 거리의 거지, 소외된 게이와 레즈비언, 가장 이기적이고 배은망덕한 사람, 가장 부당한 고용주, 가장 거만한 속물까지 누구도 밀어내지 않는다. 그리스도의 사랑은 예외 없이 만인을 품는다. 다시 말해 하나님의 사랑은 어리석은 것이다."라고 기술하고 있다.149)

하나님께서는 우리가 예수님을 구주로 고백하고 주님의 이름으로 회개의 기도를 드리게 되면, 우리의 원죄(Original Sin)뿐만 아니라 지금까지 지은 모든 자범죄(Actual Sin)를 용서하시고, 사 43:25 "나 곧 나는 나를 위하여 네 허물을 지워 없애는 자니 네 죄를 기억하지 아니하리라."라는 말씀처럼 다 지우심으로 기억하시지도 않으신다.

프렌즈 대학 실천신학 교수인 스미스(J. B. Smith)는 다음과 같이 기술함으로 자신이 오랫동안 죄책감으로 고통받았지만, 하나님의 용서 사랑을 받아들이므로 죄책감에서 완전히 벗어나게 되었음을 고백하였다.150)

> 그리스도인이 되고 나서 8년이 지난 후에야 맛본 경험이었다. 비록 그때 하나님과의 삶이 시작된 것은 아니지만, 그 경험으로 말미암아 인생이 변화하기 시작했다. 이전에는 하나님이 실망하실까 봐 두려워했는데, 예기치 않게 그분의 사랑을 만난 것이다. 하나님이 나를 있는 모습 그대로 받아주셨다는 사실, 즉 용납하셨다는 것을 온전히 맛보기 위한 몸부림이 끝났다고 할 수는 없지만, 서서히 소외감에서 벗어나 하나님과의 연합을 느끼기 시작했다.

---

149) Brennan Manning, *The Furious Long of God*, 윤종석 역, 「하나님의 맹렬한 사랑」 (서울: 두란노, 2010), 70-1.

150) James Bryan Smith, *Embracing the Love of God*, 서하나 역, 「놀라운 하나님의 사랑」 (서울: 좋은씨앗, 2010), 23.

많은 신자가 하나님의 용서 사랑을 받아들임이지 못함으로 여전히 지난 날의 죄책감에 사로잡혀 자신을 학대하며 살아간다. 이것은 디트리히 본히퍼(Dietrich Bonhoeffer) "죄책감은 우상이다."[151]라는 말처럼 십자가의 대속 사건과 하나님의 사랑에 대한 불신에서 비롯된 행위이다. 그러므로 이 불신에서 벗어나 하나님의 용서 사랑을 적극적으로 수용함으로 죄책감에서 완전히 벗어나야 한다.

감리교의 창시자인 존 웨슬리(John Wesley)는 그리스도인 된 후 하나님의 용서를 받아들이기까지 35년이 걸렸다고 한다. 그는 목사로서 안수를 받고 13년 동안 사역하는 동안 주님의 용서 복음을 믿지 않으면서도 수많은 사람에게 복음을 전했다고 한다. 그러나 그는 주님이 십자가의 죽음으로 자신의 모든 죄를 용서해주시고, 사망의 법에서 구원해주셨다는 것을 확신함으로 용서의 메시지를 받아들이게 되었다.[152]

스미스는 하나님의 용서를 받아들이게 되면 세 가지 유익한 삶을 살게 된다고 기술하였다. 첫째, 삶의 초점을 바꾼다. 둘째, 죄의 원인을 제거한다. 셋째, 삶의 질서를 바로잡는다.[153]

신자가 하나님의 용서 사랑을 진정으로 받아들여 죄책감에서 벗어나면, 세 가지 유익한 삶을 살게 될 것이다. 첫째, 하나님의 용서를 바라보게 되므로 예수님이 허락하신 생명과 영광과 사명에 집중할 수 있다. 둘째, 그는 더는 방종의 삶을 살지 않는다. 셋째, 그는 진정으로 하나님만을 사랑하고, 하나님께 기쁨을 드리는 삶을 살려고 노력한다.

신자가 하나님의 용서 사랑을 받아들이지 못하게 되면 그는 종교인으로 율법의 종노릇 하며 저주 의식 속에서 하나님을 사랑하기보다는 두려워하지만, 하나님의 용서 사랑을 받아들이면, 그는 축복 의식 속에서 하나님을 온전히 사랑하게 된다.

---

151) Brennan Manning, *Abba's Child*, 윤종석 역, 「아바의 자녀」, 32.
152) James Bryan Smith, *Embracing the Love of God*, 서하나 역, 「놀라운 하나님의 사랑」, 99-100.
153) Ibid., 102-5.

b) 하나님 제일주의

하나님을 온전히 사랑한다는 것은 하나님께 자신의 목숨까지도 기꺼이 드릴 수 있는 장성한 믿음을 말한다. 이것은 순간 이동과 같은 마법에 따라 일순간에 소유하게 되는 것이 아니고, 오랜 세월 훈련과 연습을 통하여 소유하게 된다. 이 훈련과 연습의 중심에는 바로 하나님 제일주의가 있어야 한다.

하나님 제일주의의 삶을 살기 위해서는 요 15:7 "너희가 내 안에 거하고 내 말이 너희 안에 거하면."라는 말씀처럼 신자가 주님 안에, 주님의 말씀이 신자 안에 거하는 진정한 연합이 일어나야 한다. 매닝은 이 연합을 "연합에 함축된 무수한 의미는 날마다 달라진다. 지금 이 순간에 그것은 내게 그분의 미소 속에 살며 그분의 말씀 한 마디 한 마디를 붙든다는 뜻이다." 라고 기술하였다.[154)]

하나님과 진정으로 연합된 삶을 살아가기 위해 신자는 다음과 같은 조건을 충족하며 살아가야 한다. 첫째, 무엇보다 주님의 뜻에 초점을 맞추어야 한다. 이것은 모든 일을 하기 전에 "하나님께서 기뻐하실까?"를 먼저 질문하는 것을 말한다. 둘째, 하나님은 예수님을 사랑하신 만큼 자신을 사랑하고 계신다는 것을 믿어야 한다. 셋째, 어떠한 경우도 하나님께서는 자신을 떠나시지 않으신다는 것을 믿어야 한다. 넷째, 하나님의 사랑은 무한하시다는 것을 믿어야 한다. 다섯째, 하나님은 최상의 때, 최상의 방법, 최상의 것으로 응답하시고 인도하신다는 것을 믿어야 한다.

남북 전쟁 중에 한 남부군 병사가 쓴 기도문은 하나님께 구한대로 하나님의 응답이 오지 않는다는 것을 교훈하고 있지만, 동시에 그가 하나님과 온전히 연합된 상태에 있었음을 알려준다.[155)]

큰일을 이루기 위해 힘을 주십사 하나님께 기도했다.

---

154) Brennan Manning, *The Furious Long of God*, 윤종석 역, 「하나님의 맹렬한 사랑」, 81-2.

155) James Bryan Smith, *Embracing the Love of God*, 서하나 역, 「놀라운 하나님

겸손을 배우라고 연약함을 주셨습니다.
많은 일을 해낼 수 있는 건강을 구했는데
보다 가치 있는 일을 하라고 병을 주셨습니다.
행복해지고 싶어 부유함을 구했더니
지혜로워지라고 가난을 주셨습니다.
세상 사람들의 칭찬을 받고자 성공을 구했더니
뽐내지 말라고 실패를 주셨습니다.
삶을 누릴 수 있게 모든 걸 갖게 해달라고 기도했더니
모든 것 누릴 수 있는 삶, 그 자체를 선물로 주셨습니다.
구한 것 하나도 주시지 않았지만
내 소원 모두 들어주셨습니다.
하나님의 뜻을 따르지 못하는 삶이었지만
내 맘속에 진작에 표현 못 한 기도는 모두 들어주셨습니다.
나는 가장 많은 축복을 받은 사람입니다.

2) 믿음의 시험

칼빈은 "하나님은 어떤 의미에서는 이중적인 성격을 지니고, 그분의 말씀으로 직접 제시하신 의견과 불일치와 혐오심을 나타내심으로 거룩한 사람의 가슴을 괴롭히며 상처를 입히는 분으로 가장하고 계신다… 왜냐하면, 하나님은 일반적인 방법으로가 아니라 아브라함을 그분 자신의 말씀과 겨루는 경쟁으로 이끌어 들이심으로 그의 신앙을 시험하셨기 때문이다."라고 기술하면서 아브라함과 하나님의 말씀을 겨루는 경쟁에 대하여 다음과 같이 설명하고 있다. "하나님이 그분 백성의 믿음을 시험하시는 일반적인 방법은 그분의 섭리 방법을 얼핏 보기에 그분의 말씀과 상충하게 하시며 또한, 그 백성에게 그래도 그 말씀을 의지하라고 요구하심으로 사실상 모순된 방법이다… 이삭을 죽이는 것에 관한 그분의 명령은 인간적인 추리 방법으로는 아무리 생각해 보아도 아브라함의 가족과 교회와 그리고 이 세상의

미래 운명들에 관한 하나님의 약속에 절대로 일치될 수가 없기 때문이다." 156)

칼빈의 기술에 의하면, 아브라함은 하나님의 말씀에 상충하는 인신 제사를 드리라는 하나님의 명령에 대한 의심과 불신을 이기고 마침내 순종에 이르게 되었고, 이것은 아브라함의 믿음의 승리임을 알 수 있다.

a) 하나님의 선하심

인신 제사는 레 18:21 "너는 결단코 자녀를 몰렉에게 주어 불로 통과하게 함으로 네 하나님의 이름을 욕되게 하지 말라 나는 여호와이니라."라는 말씀에서 알 수 있듯이 이방인들이 자신들의 신에게 하는 제사이며, 하나님께서는 이 제사를 금하고 계심을 알 수 있다. 그럼에도, 하나님께서 아브라함에게 이삭을 번제로 드릴 것을 명하신 것이다. 이것은 하나님 자신의 말씀과 규례에 위배되는 동시에 이성에서 볼 때 참으로 있을 수 없는 명령이다. 아브라함은 하나님의 명령을 듣자마자 자신이 잘못 들은 것으로, 심지어 악한 신에게서 온 것이라고 간주하며 의도적으로 무시하려고 했지만, 아무리 무시하려고 해도 그 음성은 하나님의 음성임이 분명하였다.

아브라함은 인신 제사에 대한 하나님의 금지 명령과 이성을 뛰어넘어 했다. 이것을 뛰어넘을 수 있는 최상의 지름길은 "하나님은 언제나 선하시다."라는 믿음이다. 이 믿음을 소유하기 위해서는 다음과 같은 다섯 가지의 전제 조건에 대한 분명한 지식을 소유하고 있어야 한다.

첫째, 롬 8:15 "너희는 다시 무서워하는 종의 영을 받지 아니하고 양자의 영을 받았으므로 우리가 아빠 아버지라고 부르짖느니라." 하나님은 우리의 아빠 아버지이시다. 매닝은 "나는 하나님의 사랑을 가르치기만 하던 자리에서 아바 아버지의 기쁨이 되는 자리로 도약했다. 나는 무서운 감정과 작별하고 안전한 감정을 샬롬(완전한 평강)으로 맞이했다."라는 고백하였

의 사랑」, 160-1.

156) 칼빈, 「칼빈 성서주석 2: 창세기 Ⅱ」, 42-3.

다. 그는 진정으로 하나님을 '아빠 아버지' 로 받아들이는 순간 모든 갈등과 번민으로부터 자유로움을 얻고 주님의 기쁨으로 충만한 삶을 살게 되었다.[157] 둘째, 요일 4:16 "하나님이 우리를 사랑하시는 사랑을 우리가 알고 믿었노니 하나님은 사랑이시라 사랑 안에 거하는 자는 하나님 안에 거하고 하나님도 그의 안에 거하시니라." 하나님은 사랑이시다. 인간은 사랑받는 만큼 사랑을 줄 수 있다. 하나님께서는 당신의 독생자를 십자가에 못 박을 만큼 우리를 사랑하신다. 셋째, 롬 8:28 "모든 것이 합력하여 선을 이루느니라." 하나님께서는 우리를 항상 선으로 인도하신다. 넷째, 민 23:19 "하나님은 사람이 아니시니 거짓말을 하지 않으시고." 어떤 것은 빨리, 어떤 것은 느리게 성취하시는 시기의 문제와 우리가 생각하는 대로 꼭 성취하시지 않는 다름의 문제가 있지만, 하나님께서는 반드시 가장 최상의 때에, 최상의 방법과 최상의 것으로 성취하신다. 다섯째, 시 107:30 "그들이 평온함으로 말미암아 기뻐하는 중에 여호와께서 그들이 바라는 항구로 인도하시는도다." 하나님께서 결국에 우리를 소원의 항구로 인도하신다.

아브라함은 하나님의 선하심에 대한 견고한 믿음[158]을 갖게 되므로 하나님의 말씀과 규례에 어긋나는 동시에 이성에서 볼 때 참으로 어처구니없는 명령, 즉 이삭을 번제로 드리라는 인신 제사를 순종할 수 있게 되었다.

b) 부활의 신앙

아브라함은 히 11:19 "그가 하나님이 능히 이삭을 죽은 자 가운데서 다시 살리실 줄 생각한 자라." 라는 말씀처럼 부활의 신앙을 가지고 이삭을 번제로 드리려고 이삭을 결박하여 제단 나무 위에 놓고 칼을 들어 그를 죽이려고 하였다. 이것은 하나님께 번제로 드린 행위로 수납되었다. 그러므로 성경은 "그를 죽은 자 가운데서 도로 받은 것이니라." 라고 기술한다.

---

157) Brennan Manning, *Abba's Child*, 윤종석 역, 「아바의 자녀」, 29.

158) C. D. Pierce and R. D. Helder, *Restoring Your Shield of Faith*, 임상훈 역, 「믿음의 방패」 (과천시: WLI, 2007), 192.

요 11장에 기록되어 있는 죽은 나사로가 살아난 사건은 부활의 신앙을 소유하기 위한 세 가지 전제 조건을 제시한다. 첫째, 시간제한의 불신앙을 제거하라. 향유를 붓고 머리털로 주님의 발을 씻긴 여인 마리아의 오라버니 나사로가 심한 병이 들어 위급하게 되었다. 그 누이들이 예수님께 사람을 보내어 이 사실을 알리고 오실 것을 청하였다.

예수님은 나사로가 병들었다는 소식을 들으시고 위급하여 더 지체할 수 없는 상황에서 이틀을 더 유하셨다(요 11:6). 또한, 주님이 제자들과 함께 도착하셨을 때는 나사로가 무덤에 있은 지 나흘이 되었다(요 11:17). 성경이 나흘이라고 강조한 것은 유대인의 전통에서 볼 때 살아날 가능성이 전혀 없다는 것이다. 그러나 성경은 이 기록을 통하여 주님은 시간을 초월하여 초자연적인 일을 할 수 있는 전능하신 분임을 분명하게 말한다. 죽은 나사로의 살아남으로 시간제한의 불신앙을 치료받게 되었다.

둘째, 장소 제한의 불신앙을 제거하라. 예수님과 제자들을 맞이한 사람은 마르다이고, 그녀는 요 11:21 "주께서 여기 계셨더라면 내 오라버니가 죽지 아니하였겠나이다."라고 말하였다. 주님은 요 11:15 "내가 거기 있지 아니한 것을 너희를 위하여 기뻐하노니 이는 너희로 믿게 하려 함이라."라는 말씀에서 이미 이런 일을 예상하셨다. 주님은 마리아와 마르다가 주님을 장소의 제한을 받고 있는 분으로 생각하는 불신앙에 빠져 있음을 아셨다. 죽은 나사로가 살아남을 통하여 그들은 주님은 장소에 제한받지 않고 초자연적인 기적을 행하실 수 있는 전능하신 분이라는 것을 믿게 되었다.

셋째, 능력 제한의 불신앙을 제거하라. 예수님은 마르다에게 요 11:23 "네 오라버니가 다시 살아나리라."라고 말씀하시자, 마르다는 요 11:24 "마지막 날 부활 때에는 다시 살아날 줄 내가 아나이다."라고 말하였다. 마르다는 마지막 날에 부활할 것을 믿지만, 현세적인 소생은 믿지 않고 있었다. 마르다는 주님의 능력을 제한시키는 불신앙에 빠져 있었다. 죽은 나사로가 살아남으로 이 불신앙은 치료받게 되었다.

3) 순종의 시험

밀스는 "그것을 읽는데 가능하고 이해하는 길은 장남의 번제를 최종적으로 하나님의 원하심이 아니라는 것을 보여주는 것이다. 비록 하나님께서 그와 같은 제물을 드림을 막으셨지만, 아브라함의 믿음은 요구된 대로 이삭을 제물로 드릴 수 있는 그의 자원함에 의하여 판단돼야 한다는 것이 매우 어려움으로 남겨진다."라고 기술하고 있다.[159]

'그의 자원함(His Willingness)' 이란 하나님의 명령과 계명을 쾌히 순종할 수 있는 마음이다. 아브라함은 불순종의 갈등을 이기고 독자 이삭을 번제로 드리라는 하나님의 명령을 자원함으로 순종하였다.

a) 온전한 순종

레 7:11-21은 화목제물에 대한 규례를 기록하고 있다. 그런데 특이한 것은 감사함으로 드린 고기와 서원이나 자원으로 드린 고기의 처리 방법을 다르게 명령하고 있다. 감사함으로 드린 고기는 레 7:15 "감사함으로 드리는 화목제물은 그 날에 먹을 것이요 조금이라도 이튿날 아침까지 두지 말 것이니라."라고 그날에 완전히 먹을 것을 명령하였다. 서원이나 자원으로 드리는 제물의 고기는 레 7:16-17 "그러나 그의 예물의 제물이 서원이나 자원하는 것이면 그 제물을 드린 날에 먹을 것이요 그 남은 것은 이튿날에도 먹되 그 제물의 고기가 셋째 날까지 남았으면 불사를지니."라고 첫째 날은 물론이요 둘째 날까지 먹을 수 있지만, 셋째 날에는 남은 고기는 모두 불사를 것을 명령하였다.

밀스는 "주요한 관심은 그것의 적절한 소비에 대한 규칙이다."라고 기술하였다.[160] 고기 소비를 이처럼 명령하신 것에 대한 이유를 여러 학자와 주석가는 대체로 다음과 같이 두 가지로 주석하고 있다. 첫째, 가난한 자를 초청하여 함께 식사할 수 있는 시간을 주기 위한 것이다. 둘째, 삼 일에 남

159) Watson E. Mills, *Pentateuch/Torah*, 42.
160) Ibid., 128.

은 것을 불사라는 것은 더운 지방에서 고기가 부패하기 때문이다.[161)]

정확한 이유는 성경에 기록되지 않음으로 알 수는 없지만, 분명한 것은 제사 음식에 대한 소비와 처리를 명령한 규례대로 온전하게 순종하라는 것이다. 왜냐하면, 일부만 순종하게 된다면, 레 7:18 "만일 그 화목제물의 고기를 셋째 날에 조금이라도 먹으면, 그 제사는 기쁘게 받아들여지지 않을 것이라." 라는 말씀에 기록된 것처럼 제사까지 하나님께서 받으시지 않기 때문이다.

사울은 하나님의 명령(삼상 15:3)에 순종하여 아말렉을 치고 수많은 사람과 동물과 물건들을 진멸하였지만, '아각 왕, 그리고 소와 양과 물건의 좋은 것' 을 남기는 부분적인 순종을 하였다. 존 비비어(John Bevere)는 "사울은 수만 명을 죽였지만, 단 한 사람은 살려두었다. 명령의 99.9%는 수행하였다 … 하나님은 그것을 거역이라고 표현하신다 … 99%의 순종도 불순종이다." 라고 기술하면서, 아말렉 왕을 살려준 것은 당시의 문화에 따라 그 나라의 살아 있는 전리품을 가져가기 위한 것이라고 말하였다. 성경은 우상 숭배와 같은 죄로 취급하며 정죄하였다(삼상 15:23).[162)]

아브라함은 드린 척 시늉만 한 것이 아니라 이삭을 결박하여 번제 나무 위에 놓고 칼을 들어 잡으려고 함으로 이삭을 드린 것으로 인정받았다. 그러므로 성경은 히 11:19 "비유컨대 그를 죽은 자 가운데서 도로 받은 것이니라." 라고 말한다.

아브라함이 칼을 높이 들어 제물이 될 이삭을 향해 내리치는 순간 하나님께서 너무도 급하셨기 때문에 아브라함의 이름을 "아브라함아 아브라함아" 두 번이나 부르셨다. 하나님께서는 인신 제사를 중단시키시고, 하나님

---

161) N. H. Snaith, *Leviticus and Numbers* (London: Oliphants, 1969), 48; A. 누르체, *Barnes' Notes on The Old Testament Commentary: Leviticus*, 최종태 역, 「레위기」 (서울: 크리스챤, n.d.), 132-3: C. F. Keil, *Commentary on The Old Testament in Ten Volumes: Vol Ⅲ Leviticus*, 김득중 역, 「레위기」 (서울: 기독교문화사, 1988), 80-1.

162) John Bevere, *Under Cover*, 윤종석 역, 「순종」 (서울: 두란노, 2009), 83-4.

께서 이미 준비해 놓으신 숫양을 아브라함에게 주심으로 아들 대신 번제로 드리게 하셨다. 이것은 하나님께서 온전한 순종으로 받으셨다는 것을 말한다.

온전한 순종은 하나님의 신속한 응답을 가져온다. 우리의 기도가 응답받지 못한 이유로 하나님의 뜻에 적합하지 않은 기도, 혹은 하나님의 때가 되지 않는 경우로 간주할 수 있지만, 부분적인 순종과 불순종을 고려할 필요가 있다.

온전한 순종은 하나님께서 기뻐하신 것 중의 하나이다. 온전한 순종은 하나님의 기쁨이 되고, 하나님의 인정을 받음으로 믿음의 조상인 아브라함이 받은 복의 근원이 되는 축복과 풍성한 은혜를 받게 한다.

b) 지속적인 순종

이철은 창 22:4 "제 삼일에 아브라함이 눈을 들어 그곳을 멀리 바라본지라."라는 본문에 근거하여 "삼 일이 지났지만, 아브라함은 순종의 길을 계속 가고 있는 것입니다… 우리는 하나님께 인정받고 복을 얻으려면 지속적인 순종이 있어야 합니다."라고 주장하였다.[163)]

아담과 하와는 창 2:17 "선악을 알게 하는 나무의 열매는 먹지 말라 네가 먹는 날에는 반드시 죽으리라."라는 하나님의 명령을 얼마간은 즐거운 마음으로 지키며 하나님께 감사하며 행복한 삶을 살았다.

어느 날 마귀는 아담과 하와를 유혹하였다. 아담 부부는 얼마간 마귀의 유혹을 이길 수 있었지만, 부부의 마음에 "왜 하나님께서는 선악과만 주시지 않는 것일까?"라는 원망의 마음과 불평이 생겼다. 이때부터 부부는 선악과를 따 먹는 꿈을 꾸면서 마귀의 유혹을 받아들여 조금씩 하나님의 명령을 왜곡하기 시작하였다. 마침내, 아담 부부는 선악과를 따 먹음으로 에덴동산에서 쫓겨나게 되었다.

창 2:25 '벌거벗은' 은 עָרוֹם(*아롬*), 창 3:1 '간교한' 은 עָרוּם(*아룸*), 창

163) 이철, 「불멸인생은 시험이 닥쳐도 즐겁다」, 221.

3:11 '벌거벗은' עֵירֹם(에롬), 모두 형용사로서 '벌거벗다'는 עָרַם(아람, 동사)에서 유래한 것이다. 영어성경은 2:25, 3:11 모두 'naked(벌거벗은, 형용사)'로 번역하고, BDB 사전은 עָרַם(아람, 동사)이 기본형일 때, "그것을 먹을 수 있도록 뼈로부터 살을 벗기다, 나무들로부터 나뭇잎들을 없애다, 나무의 껍질을 벗기다."로 주해한다.[164] 이것은 한편으로는 나무로부터 잎들을 없애는 것을, 다른 한편으로는 나무껍질을 하얀 부분이 나올 때까지 완전히 벗기는 것을 의미한다.

만약 나무껍질을 벗기는 것으로 본다면, 창 2:25와 창 3:11에 대하여 여러 가지 주석이 있지만, 가능성이 있는 주석은 창 2:25는 하나님의 완전한 축복을 입은 상태로 더는 입을 것이 필요 없는 벌거벗음을 의미하지만, 창 3:11은 하나님의 완전한 축복이 나무껍질이 벗겨진 것처럼 완전히 벗겨졌으므로 다른 것을 입어야 할 필요가 있는 벌거벗음이 된다. 그러므로 하나님께서 가죽옷을 만드시어 아담과 하와를 입히신 것이라고 볼 수 있다.[165]

아담과 하와는 "선악과를 따 먹지 말라."라는 하나님의 명령을 끝까지 순종하지 못함으로 하나님께서 그들에게 주신 축복의 에덴동산에서 추방되어 다시는 에덴동산에 돌아가지 못하고 저주와 사망의 삶을 살게 되었다.

노아 방주의 기사에 "하나님이 명하신 대로…."라는 구절이 네 번(창 6:22, 7:5, 9, 16)이나 기록된 것은 노아가 하나님의 명령을 한 번만 순종한 것이 아니라 지속적이고 끝까지 순종하였음을 알려준다. 그러므로 노아는 인류와 동물의 구원자 사명을 감당하였다. 하나님께서는 지속적으로 순종한 자를 들어 하나님의 도구로 사용하신다.

지속적인 순종은 항상 주님의 십자가를 바라보며, 주님의 십자가 순종을

164) Francis Brown, S. R. Driver, and C. A. Brriggs, *A Hebrew and English Lexicon of the Old Testament*, 790; A. S. Hornby, *Oxford Advanced Learner's Dictionary*, 4th ed. (Oxford: Oxford University, 1989), 708.

165) "하나님께서 인간 속죄의 길을 제시하셨다고 볼 수 있다. 즉 인간이 죄악의 수치를 가리우기 위해서는 희생 제물의 피 흘림을 통해 얻어지는 그리스도의 의의 옷을 입어야 된다는 것이다." 참고: 제자원 편집, 「그랜드 종합주석 1: 창세기」, 361.

배울 때 가능하다. 앤드류 머레이(A. Murry)는 그의 책에서 그리스도의 순종에는 세 가지 목표가 있다고 기술하였다. ① 하나의 모범으로서 우리에게 참된 순종이 무엇인가를 보여주기 위함이다. ② 우리의 보증으로서 그가 순종하심으로 말미암아 우리를 위한 모든 의를 이루시려는 것이었다. ③ 우리의 머리로서 우리에게 새로운 성품(순종)을 마련코자 하심이었다.[166]

지속적인 순종은 주님의 도우심을 구하는 동시에 주님의 십자가 순종을 표대 삼아 자신의 의지를 갖고 꾸준하게 실천할 때 가능한 것이다. 물론 신자는 때로는 실패와 좌절을 경험할 것이지만, 계속적인 연습과 훈련을 통하여 순종의 근력이 생기고 주님의 도우심으로 아브라함과 노아처럼 지속적인 순종을 하게 될 것이다.

166) Andrew Murrey, *The School of Obedience*, 김문학 역, 「순종」(서울: 기독교문서회, 2010), 30.

Ⅲ

결론(Conclusion)

아브라함은 하나님의 명령에 순종하여 모든 것을 버리고 갈대아 우르와 하란을 떠나 가나안 땅에 도착함으로 첫 번째 부르심의 시험(창 11:27-12:5)을 통과하였다.

아브라함은 기근을 피해 간 애굽 땅에서 장성한 믿음을 소유함으로 두 번째 기근의 시험(창 12:6-20)을 통과하였다.

아브라함은 롯과 재산 싸움을 통하여 믿음의 사람으로 살아가는데 필연적으로 올 수밖에 없는 갈등을 극복함으로 세 번째 갈등의 시험(창 13:1-18)을 통과하였다.

아브라함은 미움과 원망을 극복하고 포로로 잡혀간 롯을 구출해 옴으로 네 번째 용서와 희생의 시험(창 14:1-16)을 통과하였다.

아브라함은 자식에 대한 약속이 가시적으로 나타내지 않음으로 취한 인간적 방법의 폐단을 깨달음으로 다섯 번째 인간적 방법의 시험(창 15:1-16:16)을 통과하였다.

아브라함이 99세일 때 하나님께서 주신 명령에 순종하여 모세를 포함한 모든 남자가 할례를 행함으로 여섯 번째 성화의 시험(창 17:1-27)을 통과하였다.

하나님께서 롯과 그 가족이 사는 소돔과 고모라의 멸망 계획을 알려주시자 아브라함은 자신의 목숨을 담보로 기도하여 롯과 그의 두 딸은 구출받게 함으로 일곱 번째 중보기도의 시험(창 18:1-19:29)을 통과하였다.

아브라함은 약속의 자녀 이삭이 태어날 기한이 가까웠을 때 그랄에 내려가서 자신의 나쁜 습관을 고치고, 자신의 존재감과 사명을 확실하게 각인함으로 여덟 번째 축복받기 전의 시험(창 20:1-18)을 통과하였다.

아브라함은 자신의 애착과 갈등을 극복하고, 하나님의 명령에 순종하여 하갈과 이스마엘을 추방함으로 아홉 번째 산(山) 추방의 시험(창 21:1-21)을 통과하였다.

아브라함은 하나님의 규례와 이성을 벗어난 하나님의 명령을 순종하여 자신의 가장 소중한 아들인 이삭을 번제로 드림으로 열 번째 가장 귀한 것 받침의 시험(창 22:1-19)을 통과하였다.

저자가 이 책을 통하여 강조하고 싶은 것은 아브라함을 비롯한 믿음의 선진들은 오랜 세월 많은 시험과 고난을 통과하는 가운데, 고매한 인격과 온전한 믿음을 소유함으로 하나님의 말씀에 순종하여 거룩한 삶을 살게 되었다는 것이다.

그리스도인이 믿음의 선진들처럼 고매한 인격과 온전한 믿음을 소유함으로 하나님의 말씀에 순종하여 거룩한 삶을 살기 위해서는 쉬지 않고 기도함으로 성령 충만함을 받아야 하고, 매일 경건의 연습과 훈련으로 영적 근력을 키워야 한다.

끝으로 저자는 이 책을 읽는 독자마다 자신의 자녀와 이웃과 교회와 장래의 후손에게 믿음의 선진이 되기를 기원해본다.

참고문헌(Bibliography)

1. 단행본

1) 국내서적

김남준.「성화의 기도」. 서울: 생명의말씀사, 2008.
김서택.「약속의 땅에도 기근은 오는가」. 서울: 홍성사, 2009.
_____.「불의한 시대를 사는 의인들」. 서울: 홍성사, 2005.
김정주 편저.「Arise, Shine 일어나 빛을 발하라」. 서울: Korea Com, 2008.
김청수.「목사의 적 목회의 적」. 서울: 누가, 2002.
김현성.「꿈과 비전의 시크릿」. 서울: 2008, 국민일보.
김홍전.「예수께서 광야에서 받으신 시험」. 서울: 성약, 2004.
_____.「하나님의 백성」. 서울: 서약, 2006.
고영민.「히브리어사전」. 서울: 기독교문사, 1999.
박은봉.「십일조의 비밀을 안 세계의 부자들」. 고양시: 문예춘추사, 2010.
변순복 편역.「토라」. 서울: 대서, 2004.
송봉모.「순례자 아브라함 2」. 서울: 바오로딸, 2009.
이동원.「믿음의 뿌리가 된 사람 아브라함」. 서울: 나침반, 2008.
이상근.「창세기」. 대구: 성등사, 1989.
이종수.「광야의 성막」. 서울: 기독교문사, 1990.
이 철.「불멸인생은 시험이 닥쳐도 즐겁다」. 서울: 규정, 2000.
이후정.「성화의 길」. 서울: 대한기독교서회, 2008.
왕대일.「새로운 구약주석」. 서울: 성서연구사, 2000.
양주동 감수.「현대국어사전」. 서울: 상지사, 1985.
옥한흠.「시험이 없는 신앙생활은 없다」. 서울: 국제제자훈련원, n. d.
유재덕.「맛있는 성경이야기」. 서울: 강같은 평화, 2009.
전광.「백악관을 기도실로 만든 대통령」. 서울: 생명의말씀사, 2004.
전병욱.「하나님사람의 선명한 기준」. 서울: 규장, 2008.
정석규.「구조로 읽는 창세기」. 서울: 프리칭아카데미, 2006.
정해윤.「위대한 CEO들의 생각을 배워라」. 서울: 휴먼비즈니스, 2006.
제자인 편집.「그랜드종합주석 1」. 서울: 성서교재간행사, 1991.
_____.「그랜드 종합주석 2」. 서울: 성서교재간행사, 1991.
조대준.「크리스챤의 성화」. 서울: 쿰란, 2004.

조호진. 「다윗 기다림과 자기부인의 영성」. 서울: 요단, 2003.
최하진. 「네 인생을 주님께 걸어라」. 서울: 규장, 2008.
최현근. 「신앙과 이성」. 서울: 쿰란, 2007.
한경호. 「눈물로 씨를 뿌린 사람들」. 서울: 지상사, 2009.

2) 번역서적

어거스틴. 「어거스틴 참회록」. 김영종 역. 서울: 고려문학사, 1993.
반즈, 알버트. *Barnes' Notes on The New Testament Commentary: Romans.*「로마서」. 서울: 크리스챤, n.d.
Berkhof, L. *Manual of Christian Doctrine.* 신복윤 역. 「기독교 신학개론」. 서울: 성광문화사, 1974.
______. Introduction to Systematic theology. 권수경 _ 이상원 역. 「조직신학 하」. 고양: 크리스찬다이제스트, 2000.
Bevere, John. *Under Cover.* 윤종석 역. 「순종」. 서울: 두란노, 2009.
Brother, *Lawrence and Frank Laubach, Practicing His Presence*, 편집부 역「하나님의 임재 체험하기」. 서울: 생명의말씀사, 2003.
Bruce, F. F. *Paul: Apostle of the Heart Set Free.* 정원태 역. 「바울신학」. 서울: 기독교문서회, 1990.
Calvin, John. *The First Book of Moses: Genesis.* 존 · 칼빈성경주석출판위원회 역.「칼빈 성경주석 1: 창세기 Ⅰ」. 서울: 성서교재간행사, 1990.
______. 「칼빈 성경주석 2: 창세기 Ⅱ」. 서울: 성서교재간행사, 1990.
______.「칼빈 성서주석: 사도행전 Ⅰ」. 서울: 성서교재간행사, 1990.
Cunningham, Loren and 제니스 로저스, Making Jesus Lord. 예수전도단 역.「네 신을 벗어라」. 서울: 예수전도단, 2007.
Daley, Jerome. *When God waits.* 최승언 역. 「하나님이 침묵하실 때」. 파주시: 살림, 2006.
Dawson, Joy. Intercessi, *Thrilling And Fulfilling.* 김세라 역. 「스릴 있고 성취감 넘치는 중보기도」. 서울: 예수전도단, 2009.
엘드리지, 존. *Wild at Heart.* 강주헌 역. 「마음의 회복」. 서울: 좋은씨앗, 2004.
Friesen, Garry and J. R. Maxson, *Decision Making and The Will of God.* 김지찬 역. 「나의 결정과 하나님의 뜻」. 서울: 생명의 말씀사, 2000.
Chantry, Water J. *The Shadow of The Cross.* 이용복 역. 「자기부인」. 서울: 규장, 2009.
Greig, Pete. *God on Mute.* 윤혜란 역. 「침묵으로 말씀하시는 하나님」. 서울: 미션월드, 2009.
Groeschel, Craig. *Confessions of a Pastor.* 윤종석 역. 「목사로 산다는 것」. 서울: 두란

노, 2008.

Hallow, Edward M. *Dare to Forgive*. 강주헌 역. 「용서해야 할 101가지 이유」. 서울: 동아일보사, 2006.

Henry, Matthew. *Exodus*. 황장욱 역. 「출애굽기」. 서울: 기독교문사, 1982.

Hillman, Os. *The 9 to 5 Window*. 조계광 역. 「일터사역」. 서울: 생명의말씀사, 2007.

House, Ho Wayne. *Chronological and Background Charts of the New Testament*. 박용성 역. 「차트 신약 연대표 및 배경사」. 서울: 기독교문서선교회, 1999.

Keil, C. F. *Commentary on The Old Testament in Ten Volumes: Vol Ⅲ Leviticus*. 김득중. 「레위기」. 서울: 기독교문화사, 1988.

Lloyd-Jones, D. Martyn. *Studies in The Sermon on The Mount*. 문창수 역. 「산상설교집 상」. 서울: 정경사, 2000.

Lucado, Max. *Facing Your Giants*. 최종훈 역. 「믿음 연습: 골리앗을 이기는 19가지 습관」. 서울: 두란노, 2010.

마쯔, 아오키 마사. 「사람과 만나는 것이 즐겁다」. 김한신 역. 서울: 앞선책, 1995.

Manning, Brennan. *Abba's Child*. 윤종석 역. 「아바의 자녀」. 서울: 복 있는 사람, 2009.

_____. *The Furious Long of God*. 윤종석 역. 「하나님의 맹렬한 사랑」. 서울: 두란노, 2010.

_____. *Ruthless Trust*. 윤종석 역. 「신뢰」. 서울: 복 있는 사람, 2009.

_____. *The Furious Long of God*. 윤종석 역. 「하나님의 맹렬한 사랑」. 서울: 두란노, 2010.

Metzger, *Bruce M. An Introduction The Apocrypha*. 민영진 역. 「외경이란 무엇인가」. 서울: 컨콜디아서, 1990.

미들본, 리챠드 and 브라이안 왈쉬, 「그리스도인의 비전」. 황영철 역. 서울: 한국기독학생회, 1987.

Morris, Robert. *from Dream to Destiny*. 정문욱 역. 「하나님의 시험」. 서울: 예수전도단, 2007.

Murrey, Andrew. *The School of Obedience*. 김문학 역. 「순종」. 서울: 기독교문서회, 2010.

누르체, A. *Barnes ' Notes on The Old Testament Commentary: Leviticus*, 최종태 역. 「레위기」. 서울: 크리스챤, n.d.

Oswalt, John N. *Called to be Holy*. 이영기_한철희 역. 「거룩한 삶으로의 부르심」. 서울: 물가에 심은 나무, 2004.

Owen, John. *Mortification of Sin*. 김창대 역. 「내 안에 죄 죽이기」. 서울: 브니엘, 2008.

Pierson, A. T. *Godly Self-Control*. 김지찬 역. 「경건에 이르기를 연습하라」.서울: 생명의말씀사, 1997.

Pierce, C. D. and R. D. Helder, *Restoring Your Shield of Faith*. 임상훈 역. 「믿음의

방패」. 과천시: WLI, 2007.

Rhodes, Trica. *Intimate Intercession*. 유정희 역.「친밀한 중보기도」. 서울: 예수전도단, 2009.

Sherman, D. *Spiritual Warfare for Every Christian*. 이상신 역.「그리스도인을 위한 영적전쟁」. 교양; 예수전도단, 2008.

Smith, James Bryan. *Embracing the Love of God*. 서하나 역.「놀라운 하나님의 사랑」. 서울: 좋은씨앗, 2010.

Spring, Janis A. *How can I forgive you?*. 양은모 역.「용서의 기술」. 서울: 메가트렌드, 2009.

Steele, Richard. *A Ready for Wandering Thoughts in the Worship of God*.「흐트러짐」. 송광택 역. 서울: 지평서원, 2009.

Ubel, Peter A. *Free Market Madness*. 김태훈 역.「욕망의 경제학」. 파주시: 김영사, 2009.

Waston, Thomas. *The Great Gain Of Godliness*. 조계광 역.「하나님을 경외하는 사람」. 서울: 규장, 2008.

Whitefield, George. *Sermons on important subjects*. 서문강 역.「시험당하는 자를 도우시는 그리스도」. 서울: 지평서원, 2003.

Willmington, H. L.「윌밍턴/본문중심 성경연구; 신약」. 서울: 나침반, 1991.

Wolf, H. M. *An Introduction to the Old Testament Pentateuch*. 엄성옥 역.「오경개론」. 서울: 은성, 2002.

Yancey, Philip. *What's So Amazing About Grace?*. 윤종석 역.「놀라운 하나님의 은혜」. 서울: IVP, 1999.

3) 외국서적

Baldwin, Joyce G. *The Message of Genesis 12-50*. Leicester: Inter-varsity, 1986.

Bauer, Walter. *A Greek-English Lexicon of The New Testament and Other Early Christian Literature*. Chicago: The University of Chicago, 1979.

Birch, Bruce C. *A Theological Introduction to The Old Testament*. Nashville: Abingdon, 2005.

Blenkinsopp, Joseph. *The Pentateuch*. New York: Doubleday, 1992.

Brown, Francis, S. R. Driver, and C. A. Briggs, *A Hebrew and English Lexicon of the Old Testament* (New york: Oxford University: n.d.), 103, 650.

Bruce, F. F. *The New International Commentary on The New Testament: The Book of Acts*. Grand Rapids: Wm B. Eerdmans, 1986.

Calvin, John. *Genesis*. Grand Rapids: Baker Book House, 1989.

Chavel, Charles B. *Ramban's Commentary on the Torah: Genesis*. New York: Shilo

Publishing House, 1999.
Clines, David J. A. *The Theme of The Pentateuch*. Sheffield: JSOT, 1997.
Cotter, David W. Berit Olam: *Genesis.* Collegeville: The Liturgical Press, 2003.
Delaney, Carol. *Abraham on Trial*. Princeton: Princeton University, 1998.
Driver, Francis Brown, S. R and C. A. Briggs, *A Hebrew and English Lexicon of the Old Testament*. New york: Oxford University: n.d.
Duham, John I. *Word Biblical Commentary: Exodus*. Waco: Word Books, 1987.
Dyrness, William. *Themes in Old Testament Theology*. Downers Grove: Intervarsity, 1977.
Fretheim, T. E. *The Pentateuch*. Nashville: Abingdon, 1996.
Gooder, Paula. *The Pentateuch: A Story of Beginnings*. London and New York: Continuum, 2000.
Goodman, L. E. *God of Abraham*. New York: Oxford University, 1996.
Gossai, H. *Barrenness and Blessing*. Eugene: Cascade Books, 2008.
Hamilton, V. P. *Handbook on The Pentateuch*. Grand Rapids: Baker, 2005.
Hornby, A. S. *Oxford Advanced Learner's Dictionary*, 4th ed. Oxford: Oxford University, 1989.
Lepon, S. *The Ten Tests of Abraham*. New York, The Judaica Press, 1986.
Mann, Thomas W. *The Book of the Torah: The Narrative Integrity of the Pentateuch* (Atlanta, John Knox, 1973)
Mills, Watson E. *Pentateuch/Torah*. Mercer University: Macon, 1995.
Purkiser, W. T. *Exploring The Old Testament*. Kansas: Beacon Hill, 1955.
Schultz, S. J. *The Old Testament Speaks*. New York: Harper & Row, 1970.
Snaith, N. H. *Leviticus and Numbers*. London: Oliphants, 1969.
Wenham, Gordon. *Word Biblical Commentary: Geneis 16-50*. Dallas: Word Books, 1994.
Westermann, Claus. *Genesis*. David E. Green tr. Grand Rapids: Williaam B. Eerdmans, 1987.
Whybray, R. N. *Introduction to the Pentateuch*. Grand Rapids: William B. Eerdmans, 1995.

2. 논문

장세훈, "유아 세례 설교를 위한 본문 주해." 「헤르메네이아 투데이」, 48 (2009 가을): 88.
진홍석. "십계명(The Decalogue) 연구." 석사학위논문, 한영신학대학원, 2002.